相続貧乏になりたくなければ親子で不動産を整理しなさい

不動産と相続を極めたハイブリッド税理士
志賀公斗

もめずに100%お金を残す相続のルール

ACHIEVEMENT PUBLISHING

相続貧乏になりたくなければ親子で不動産を整理しなさい

「相続貧乏」大量発生時代がやってきた!

数ある相続本のなかから本書を手にとっていただき、ありがとうございます。

はじめまして、私は不動産・相続税専門の税理士です。

「相続貧乏」この一見聞きなれない言葉が、いよいよ身近なものになってきました。

いま、あなたは相続にどんなイメージを持っていますか?

「うちには関係ないでしょ」そんな人がほとんどではないでしょうか。いずれにしても、すっからかんになるほど税務署に持って行かれてしまうイメージはあまりないですよね。

ところが、今後は相続税や相続費用の支払いに苦しめられる人々、つまり「相続貧乏」が続出することが予想されます。

なぜなら、**２０１５年(平成27年)1月1日、いよいよ「相続税法の改正」がスタートする**からです。

今回の相続税法改正では、大きく2つの変更が行われます。

・最高税率（相続税にかかる税率）の引き上げ
・基礎控除（財産を相続しても一定金額までは税金がかからない仕組み）の引き下げ

これらの変更のうち皆さんに直接影響があるのは、**「基礎控除の引き下げ」**です。

相続する財産が基礎控除額に満たなければ、相続税はかかりません。おそらく、皆さんのご両親は、相続のときに相続税を支払わなかった方がほとんどだと思います。国税庁の統計では、現在支払い義務が生じるのは100人に約5人。つまり95%の人が、これまで相続税を払わずにすんでいたわけです。

その理由は、いままでは基礎控除の額がとても大きかったためです。そのため、財産を相続した人でも、ほとんどの人が相続税の課税対象とは無縁でいられたのです。

ところが、2015年1月の改正後は事情が一変します。基礎控除額が大きく減ってしまうからです。つまり、相続税の課税対象が広がって、より多くの人が相続税を支払わなければいけなくなるということです。この改正に伴う増税によって、新たに相続税を支払う必要が生じる人は、**現在の年間約5万人から7万人へ、約2万人も増加**することが予想されています。

税制改正前と後の基礎控除額は、

改正前　5000万円＋（1000万円×法定相続人の数）
↓
改正後　3000万円＋（600万円×法定相続人の数）

になります。改正前と比べ、**4割も減額**されてしまうのです。

総務省（2008年全国消費実態調査）の統計によれば、**世帯主が70歳以上の家計における平均資産は、自宅や預貯金などを合わせて約5024万円**（うち預貯金が1860万円、不動産が3069万円、車など95万円）といわれています。

たとえば、四人家族で5000万円の相続財産がある夫が亡くなり、妻と子ども2人で財産を相続したとしましょう。改正前の基礎控除額は8000万円ですから、相続税の心配など必要なかったのに、2015年1月1日以降は基礎控除額が4800万円にしかならず、200万円が相続税の課税対象額となってしまうわけです。

それほど多くの資産を持たない中流層が相続税を支払う場合、まずは相続した財産の中から支払う方法を考えますよね。ちなみに、相続税は**「現金一括払い」**が原則となっています。物納や延納も認められていますが、物納にはさまざまな条件があり、延納には相続税額に対して一定の金利がかかります。つまり基本的に**現金がなければ相続税が支払えない**という事態になってしまうのです。

ところが、**相続した財産の半分以上は親の不動産、つまり自宅の場合が大半**です。ですから自宅をすぐに売ることができない場合、急に発生した相続税を支払うため、金策に奔走しないといけません。相続税を払うために借金したり、老後のための退職金や年金まで切り崩さないといけないことも……。**最悪の場合、自宅を手放さざるを得ない**、という人も出てくるでしょう。

住宅ローンを何年もかけてやっとの思いで完済し、老後を安心して送るための資産ができた……と思ったのもつかの間、相続税のために住むところがなくなってしまうケースまで生まれてくるのです。

こうした事態はこれまで一部の資産家層に限られていましたが、相続をすることで経済的に苦しい立場に追い込まれ、いわゆる**「相続貧乏」になってしまう人たちは、2015年1月以降、急激に増えていく**のは間違いありません。

『週刊東洋経済』（2012年6月30日号）によると、改正後は**東京都内に自宅を持っている人の100人に6人、東京23区内に至っては4人に1人**の割合で相続税の課税対象者になる可能性があると書かれています。「相続貧乏」は決して他人ごとではないのです。

だからといって、過度に心配する必要はありません。きちんと準備さえしていれば、見方によっては、相続は**「若い世代への資産移転」**となりえます。

日本で本格的に個人の富の蓄積が始まったのが、第二次大戦後。高度成長期、私たちの両親の世代がバブル期を通じてせっせと資産形成に励んだ結果、1世帯当たり5000万円近い資産を持てるようになりました。今後はその世代から、莫大な富が私たちの世代へ移動することになるのです。

総務省と第一生命経済研究所の調べによると、**世帯主70歳以上の資産合計は現在1510兆円と試算されており、来年の改正時にその中の約37%の資産が移動を始める**と言われています。600億円近い富の移転です。

その資産を有効活用すれば、子どもたちにより優れた教育を受けさせたり、将来の不安を払拭することも可能なのです。

だれでも相続で貧乏になるのはイヤだし、第一納得がいきませんよね。まさに「降ってわいた災難」といえます。しかし、もう大丈夫。この本は相続できちんとお金を残す、つまり**「相続金持ち」になるための相続のバイブル**です。しっかり読み込んできたる相続の日に備えることで、いざ相続が発生した時に、あなたの強力な味方になってくれるはずです。また、すでに相続が発生してあわてて本書を手に取られた方にも、すぐに使える方法が満載です。

ただし、そのためには遺産の分け方について相続人たちの話し合いはもちろん、遺産の分け方を遺言書に残しておくことも必要です。税金で取られすぎないための節税対策も必要になります。

第1章では、「相続とは何か」から始まり、「お金が残る相続・残らない相続」の分かれ道となる、相続発生後にやるべきことを含めた相続全体の流れを中心にお話しします。

第2章では、相続財産の分け方でトラブルになりやすい「分けにくい財産」と「不平等な分け方」という二つのケースの解決方法をお話しします。

第3章では、相続でお金を残すためにもっとも大切な「もめない分け方」、そのために必須の「遺言書」について詳しくお話しします。

第4章では、節税の王道といえる「贈与」のやり方をお話しします。相続税額に関係なく、早い時期から行うことで相続税をゼロにするのも夢ではありません。

第5章では、私が相続と並んで専門とする不動産投資を含めた「不動産を利用した節税」のノウハウをお伝えします。土地は自宅だけ、という方も必見です。

第6章では、相続についてクライアントからよく聞かれる質問をまとめてみました。気楽に読める章ですので、親子で相続を話題にするきっかけにしていただけたら幸いです。

また、本書で出てくる専門用語にはできるだけ脚注をつけました。ですから、ページの下部を見ていくだけでも「相続用語集」として使えるようになっています。

事前の準備をいかに整えておくか。それがすべてです。

この本を読んだ方の一人でも多くの方が揉めることなく相続を終え、「相続金持ち」になっていただくことを願ってやみません。

志賀公斗

※本書における税金の計算式は、特に断りを設けない限り、2015年1月1日より施行される相続税の税制改正後の計算式で計算しています。

目次

第2章

相続貧乏まっしぐら！「分け方」のトラブル

第3章

相続金持ちになるための「分け方」のルール

第4章 相続金持ちになるための「節税」のルール

第5章

相続金持ちになるための「不動産」のルール

第6章

相続なんでもQ&A

第1章

「相続貧乏」と「相続金持ち」の分かれ道

そもそも、相続とは

「相続貧乏」にならないためにも、**相続**の基本を押さえておくことは大切です。まずは「相続とは何か」を見ていきましょう。

相続とは、**「ある人が亡くなった時に、その人の財産や権利などが、配偶者や子どもをはじめとする親族に引き継がれること」**です。財産を残す側、つまり親のことを**「被相続人」**、財産をもらう側、つまり配偶者や子どもなどの親族を**「法定相続人」**と呼びます。

人の死はいつか訪れるものであると同時に、いつ訪れるかわからないものでもあります。明日かもしれないし、何十年後かもしれない。突発的なイベントです。

被相続人が亡くなり、相続が発生すれば、法定相続人は相続財産を確認します。このときに遺言書があれば、遺言書に沿って相続財産を分配します。遺言書がなければ、法律に従って分配することになります。分

相続
ある人が亡くなった時に、その人の財産や権利などが親族に引き継がれること。

被相続人
財産を残す側。親。

法定相続人
法律上、被相続人の財産を相続する権利のある人のことをいう。相続発生前には相続する権利が推定されることから、正式には推定相続人と呼ばれるが、本書では「法定相続人」もしくは「相続人」で統一する。原則として配偶者＋子ども。子どもがいない場合は配偶者＋親。親がいない場合は配偶者＋兄弟姉妹となる。

配された相続財産には、相続税が法定相続人ごとに課税されます。相続税を納めなければいけない人、つまり課税対象者になれば、決められた相続税を納税しないといけません。

相続税は税務署に税額を自ら申告して、原則現金で一括納税します。

相続が発生したら、まず遺言書を確認

相続のタイムスケジュールは、24・25ページの図のようになります。

相続の発生時に相続人が行わなければいけないのは、被相続人の遺言書があるかどうかの確認です。法定相続人全員の合意があれば、必ずしも遺言書通りに相続財産を分ける必要はありませんが、法定相続人同士でもめるような場合は、遺言書の定めに従って、相続財産を分けるということが決まっているからです。

だからこそ、相続が発生したら、まず遺言書があるかどうかを確認するのです。一般的には、遺言書がある場合には被相続人が生前に遺言の

存在を教えてくれるでしょう。また、知らなかったとしても親族がすぐに見つけられる場所に置いておいてくれるはずです。

まれに、遺産分割が全部終わった後に遺言書が出てきた場合、遺産分割に納得していない相続人は再分割の申し立てを起こすことができてしまいます。それほど、相続において遺言書は効力を持っているのです。

遺言書がある場合、その遺言書を勝手に開けてはいけません。なぜなら、遺言書の種類によっては、裁判所で法定相続人の前で開封する検認手続きが必要なものもあるからです。

遺言書がなければ、相続財産や法定相続人を調べる手続きが必要になります。法定相続人を調べるためには、「万が一」のことを考えて、認知している隠し子の有無を調べる必要がありますので、被相続人が生まれてから死ぬまでの戸籍謄本を取得しておきましょう。

仮に、被相続人に認知している隠し子がいるのにも関わらず、それを知らずに相続財産を分けてしまえば、隠し子が名乗り出た時点で、もう一度、相続財産を分割しなければならなくなります。

このような不測の事態を避けるためにも、被相続人の生まれてから亡くなるまでの戸籍謄本一式は事前に用意してもらうことをおすすめします。

「3カ月」と「10カ月」の2つの〆切に注意

相続のスケジュールですが、大きなポイントは２つあります。

ひとつは、相続発生後３カ月後に訪れる、**「相続方法の決定」**のタイムリミット。もうひとつは、相続発生後10カ月後に訪れる**「相続税の申告と納付」**のタイムリミットです。

３カ月後に訪れる「相続方法の決定」では、どのような方法で被相続人の相続財産を引き継ぐのかを決める必要があります。方法は３つあります。

ひとつは**「単純承認」**です。法定相続人が相続決定の方法について、

単純承認
被相続人の財産と借金の両方を相続する方法。

住んでいる住所の管轄の裁判所に何も申請しなければ、単純承認をしたことになります。ちなみに、相続発生後3カ月以内に被相続人の預貯金を小額でも引き出した場合は、単純承認を行ったとみなされるので気をつけましょう。

仮に被相続人である父親に数千万円の借金があった場合、相続が発生したからといって、葬式代の名目で金融機関の口座から数百万円を引き出したために単純承認したとみなされ、父親の借金を相続してしまうことになります。後から相続を放棄しようとしても認められませんので、くれぐれも注意しましょう。

次に、プラスの財産を限度に財産を相続する方法を**「限定承認」**といいます。この承認を行う場合には、3カ月以内に管轄の裁判所への申請手続きと、法定相続人全員の合意が必要になります。

最後は**「相続放棄」**です。相続放棄を選べば、相続人は最初から相続人でなかったものとして扱われることになります。つまり、プラスの財

限定承認
プラスの財産があれば相続を行い、借金が残れば相続しないという方法。

相続放棄①
プラスの財産も借金も相続しないという方法。

産も借金も、仏壇やお墓などの祭祀財産を除いて、相続財産はすべて受け継がないということになります。

この３つの方法のうち、どれかを選ばなければいけないわけですが、被相続人の財産の全貌がわからなければ、法定相続人は相続方法の決定に迷うことになります。相続をスムーズに進めるためにも、財産目録をつくっておくことをおすすめします。

相続税の申告期限は10カ月以内。節税したいならもめている場合じゃない

相続税の申告には「タイムリミット」があります。**相続の発生の翌日から10カ月以内**に、申告と納税をすませないといけません。相続税は、相続財産をもらった人が相続財産の割合に応じて支払う税金です。つまり、親族間でもめて相続財産を分けられなければ、申告はおろか、納税すらできないことになるということです。

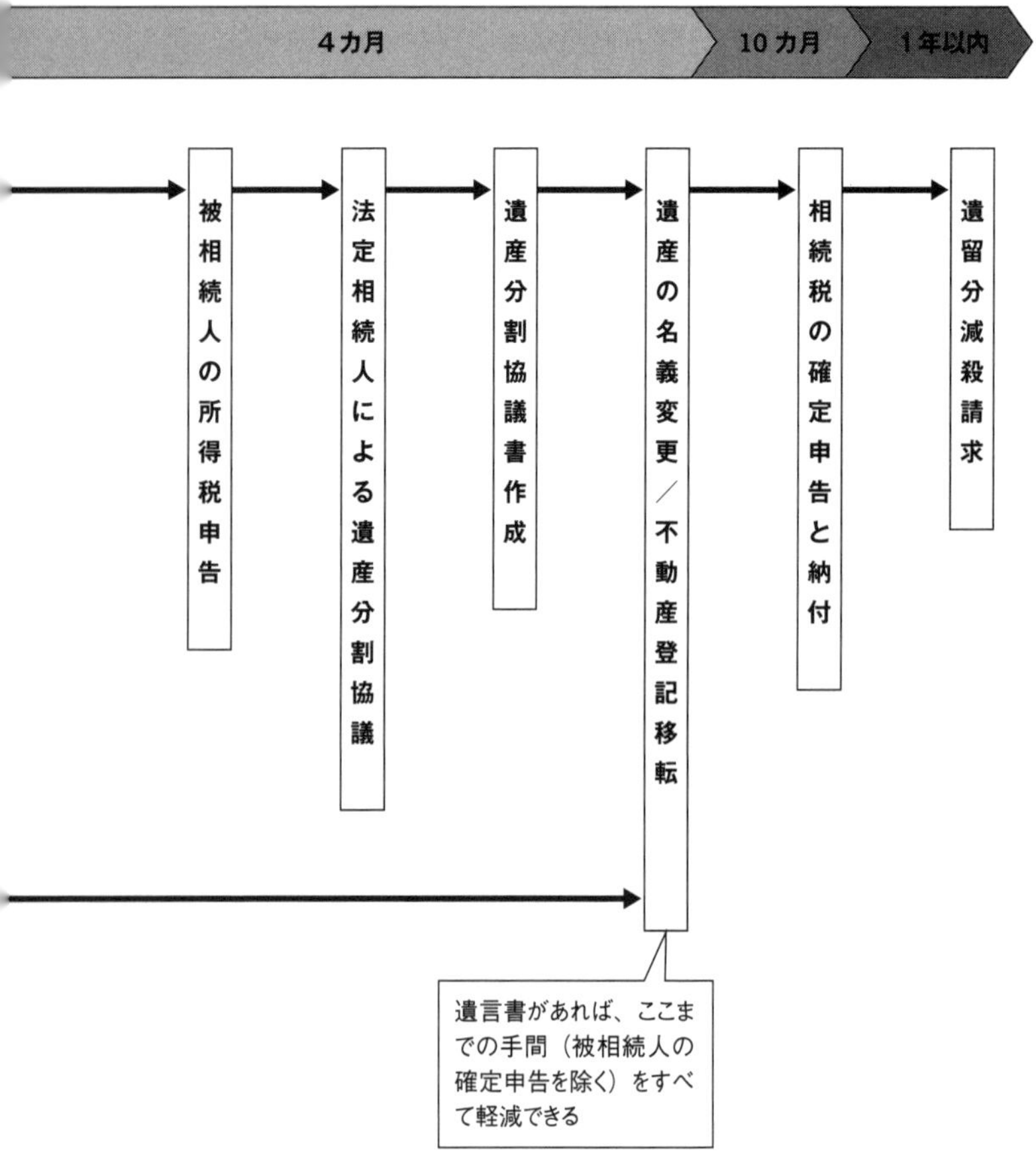
4カ月
10カ月
1年以内
被相続人の所得税申告
法定相続人による遺産分割協議
遺産分割協議書作成
遺産の名義変更／不動産登記移転
相続税の確定申告と納付
遺留分減殺請求
遺言書があれば、ここまでの手間（被相続人の確定申告を除く）をすべて軽減できる

相続フローチャート

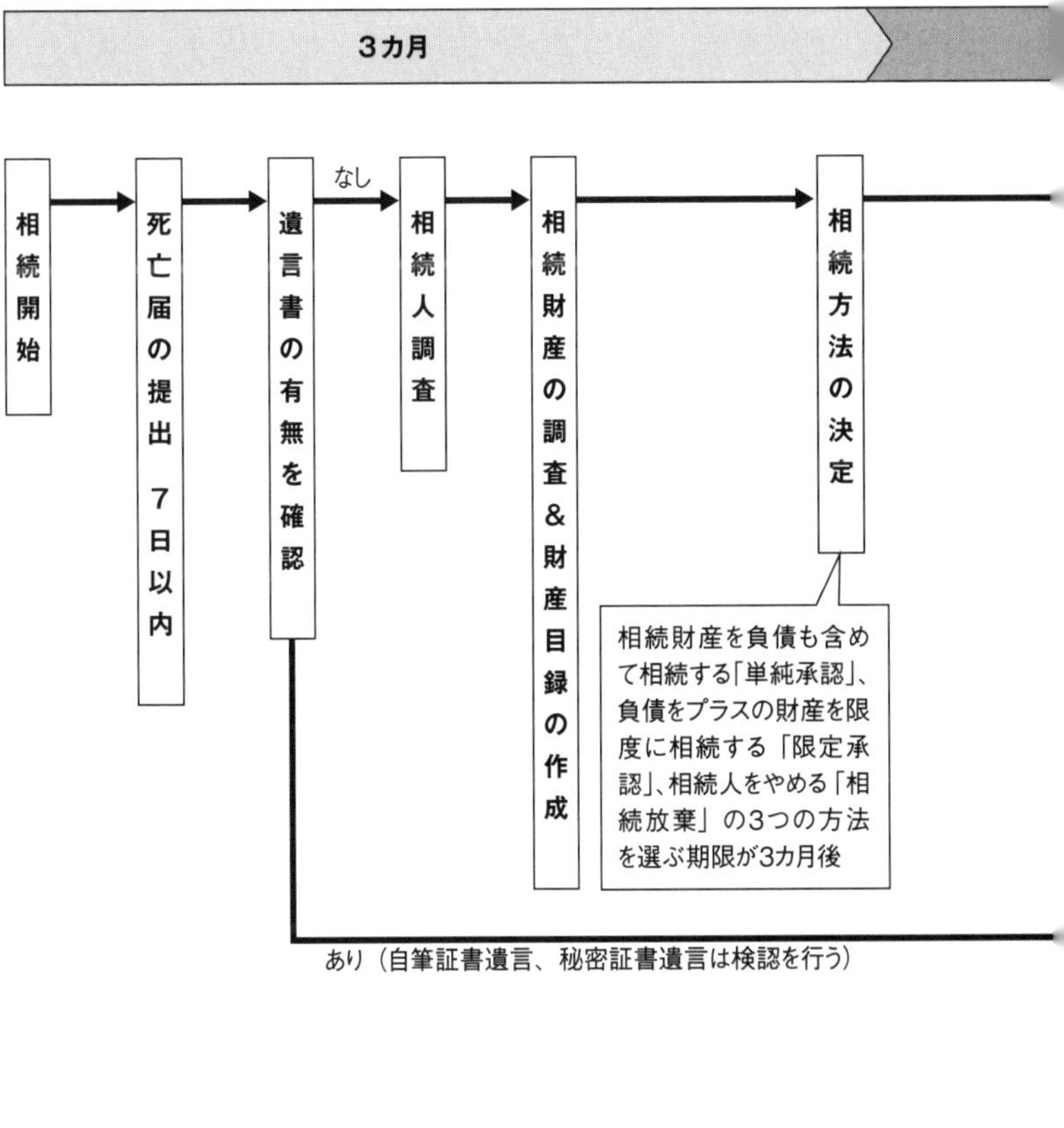
3カ月
相続開始
死亡届の提出　7日以内
遺言書の有無を確認
なし
相続人調査
相続財産の調査&財産目録の作成
相続方法の決定
相続財産を負債も含めて相続する「単純承認」、負債をプラスの財産を限度に相続する「限定承認」、相続人をやめる「相続放棄」の3つの方法を選ぶ期限が3カ月後
あり（自筆証書遺言、秘密証書遺言は検認を行う）

相続税の申告期限を過ぎると、もともと納税する必要のある相続税に加え、ペナルティとして延滞税（年14・6％）や無申告加算税（年5〜15％）が加算されてしまいます。10カ月と聞くと、時間があるように思えますが、実際は相続財産や法定相続人を調べるだけでもかなりの労力がかかります。加えて、相続人の数が多数に及んだり、相続人同士が遠隔地に住んでいる場合、**遺産分割協議**を行うのにも時間がかかります。ですから、どのように相続財産を分けるかということで少しもめただけで、10カ月の申告期限はあっという間に過ぎてしまいます。

「はじめに」でお話しした通り、個人の資産の多くは不動産ですから、不動産の資産価値を下げることが相続税の節税につながります。

詳しくは後ほどお話ししますが、相続税を減らす方法として有名な「小規模住宅地の特例」という土地の評価を下げるための特例制度があります。この制度を使うための条件として、相続税の申告があります。ですから、相続の発生時に相続人の間で**遺産分割**の話し合いがうまくいかず申告期限を過ぎてしまった場合、特例が使えずに損をしてしまうと

遺産分割協議
相続財産を分けるための話し合い。

遺産分割
被相続人が亡くなった時点で持っていた財産を誰が何をどのように取得するのかを決めること。

いうことも起こりうるということです。お得な節税制度をきちんと利用するためにも、相続の争いは可能な限り避け、申告のタイムリミットを守ることが最優先です。

相続税を払う人が増える相続税改正

相続税の課税対象になるかどうかは、基礎控除の額がポイントです。

２０１４年12月31日までは、

５０００万円 ＋（１０００万円 × 法定相続人の数）

しかし、**２０１５年１月１日から**は、

３０００万円 ＋（６００万円 × 法定相続人の数）

になります。金額にして**４割もの縮小**です。

基礎控除
相続税の計算時、相続税が課税される遺産の総額から一定額を差し引くことができる仕組み。

このため、今まで相続税を支払う必要がなかった人も課税対象になる可能性が出てきました。基礎控除額は、法定相続人が少なければ少ないほど減っていきます。つまり、子どもの少ない家庭にはより多くの税金がかかるというわけです。

たとえば、法定相続人が一人の場合、２０１４年12月31日までに相続が発生すると、６０００万円の基礎控除を受けることができます。ところが、２０１５年１月１日からは、３６００万円にまで基礎控除が減額されてしまいます。２４００万円もの減額です。

同じように法定相続人が２人の場合、改正前は７０００万円の基礎控除がありましたが、改正後は４２００万円で２８００万円の減額。法定相続人が３人の場合は８０００万円でしたが、改正後は、４８００万円で３２００万円の減額になります。

制度変更で課税対象者になるケースとは？

たとえば、夫婦と長女・次女の四人家族がいるとしましょう。
主な財産は自宅が7300万円、預貯金が100万円、計7400万円です。さて、お父さんが亡くなり、相続が発生すると、遺族は課税対象者になるでしょうか？

2014年12月31日までの基礎控除額を計算すると、5000万円＋1000万円×3人で、8000万円になります。相続財産は7400万円の評価ですから、現在の基礎控除の範囲内で収められるので、相続税の課税はありません。

ところが、2015年1月1日以降に相続が発生した場合、基礎控除額を計算すると3000万円＋600万円×3人で、基礎控除額は4800万円にまで減ってしまいます。相続財産が7400万円なので、7400万円－4800万円で2600万円が課税対象額になります。

つまり、この家族は相続税を払う必要が出てくるのです。

相続税の税額は45ページの早見表で調べると143万8000万円です。ところが、相続財産の預貯金は100万円しかないため、残りの43万8000円を工面する必要が出てきます。相続税は原則現金一括納税ですから、ヘタをすると自宅を担保に借金をして相続税を支払うはめになるかもしれません。

このように、**相続が発生したことで負債が増えてしまう**ケースもあります。単純に税金という「お金」の問題だけですめば話は簡単ですが、今後自宅をどうするのか、家族ごとに考え方や事情もあるでしょう。

たとえば、残された母親の具合が悪く、長女が母親と一緒に住んで面倒を見るということになれば、葬儀費用など相続の時点で長女に一定の割合の財産を渡す必要性が出てきます。ところが、相続財産は自宅だけ、つまり分けることができません。そこにトラブル（争続）の火種が隠されているというわけです。

このように、相続税の改正後はさまざまな問題が予測されます。

「相続貧乏」を招く2つの問題①
「相続財産の分け方」

相続財産が相続人にすんなり分配されれば問題は起きません。しかし、たとえ遺言書があったとしても相続人同士で何のもめごともなく分配されるケースはまずありえないといってよいでしょう。相続財産を分けるときには、まず「もめる」と考えておいた方が賢明です。

私の経験上、相続でもめる原因は大きく分けて２つあります。

ひとつめの原因は**相続財産の分け方**について遺族がもめる、いわゆる**「争続」**と呼ばれるものです。

司法統計年報によると１９９９年から遺産分割の争いの件数（家庭裁判所の調停数）は１万件を超え、今後も増加すると考えられています。

争続
相続による身内同士の争いをもじった表現。おもに相続財産の分け方でもめることが多い。

こういうと「うちには財産なんて呼べるものはないから、争続になんてなりようがない」とおっしゃる人が多いのですが、それは大きな勘違いです。**実際に相続問題でもめるのは、300万円くらいの金額が一番多い**からです。サラリーマンの年収が年々減少していく中、「少しでも遺産があるのならもらっておきたい」と考えるのが人情ですよね。

こうした問題に加えて、相続人が抱えるそれぞれの事情があります。たとえば、親の面倒をずっと見ていた長男と、早々と実家を出て悠々自適に暮らす次男がいた場合、長男のほうが多くもらうべきだと考えるのが普通ですよね。しかし、法律上では**「法定相続分」**が認められているため、遺言書がなければ、長男だけが多くもらうということはできません。

また、逆のパターンとして長男が住宅の購入などで多額の援助を親から受けていれば、弟が「法定相続分以上にもらわないと損だ」と主張する可能性は十分ありえますよね。

法定相続分
民法で決められた相続の割合。

相続財産の内容によってももめるケースがあります。

たとえば相続財産が自宅の場合、相続人が被相続人の妻と子ども一人ならさほどもめませんが、子どもが２人（長男・次男）いるケースの場合、妻と長男が自宅を相続するということになっても、次男は簡単には納得できないでしょう。特に自宅が都市部にあって資産価値が高い場合、次男の法定相続分の代わりとなる資産を用意する必要があります。自宅以外に何も資産がなければ、自宅を手放して分割するしか方法はありません。

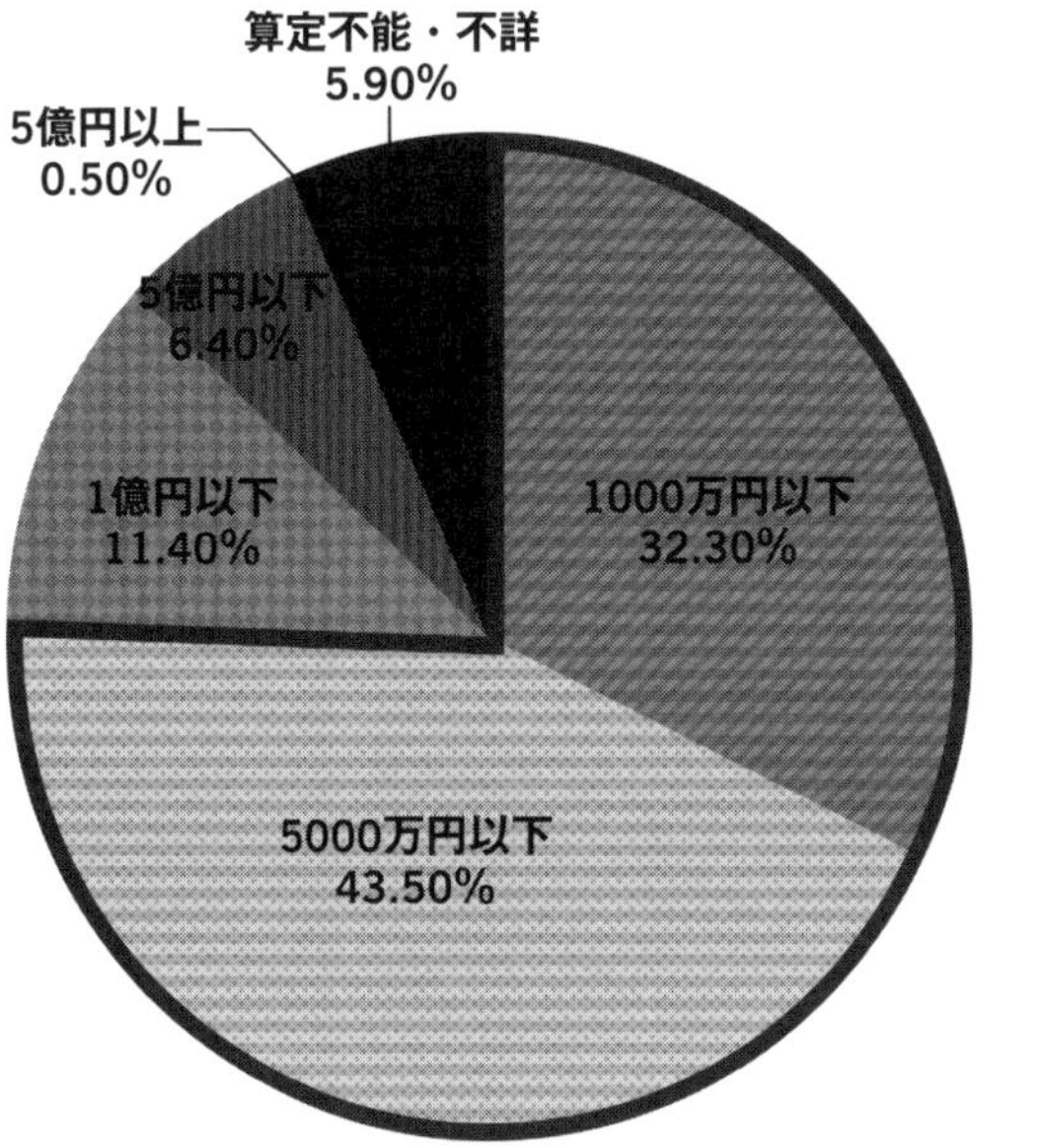

遺産分割争いの約7割が相続財産5000万円以下!
（司法統計・2012年）

このように、**相続財産が少ない場合でも、争続に発展する可能性は十分ある**のです。

「相続貧乏」を招く2つの問題②

「納税資金の不足」

ふたつめの原因は**「納税資金の不足」**です。

基礎控除の減額によって相続税を支払う必要が出てくる中間層。彼らが所有している相続財産の大部分は自宅（不動産）です。

総務省の統計によれば、**高齢者世帯の家計資産に占める住宅、宅地資産の割合は6割以上**にのぼるとされています。

特に地価の高い**都心部では、4人に1人は相続税の課税対象になる**と考えられています。2014年3月現在、都心部の地価は上昇傾向にあります。2020年に東京オリンピックを控え、その動きは当面続くと考えられます。地価が上がればその分不動産としての相続財産は増えますから、基礎控除が下がった分だけ、相続税を支払わなければいけない可能性が高くなるというわけです。

不動産に相続税が課税された場合、預貯金や生命保険で納税資金を確保できればいいのですが、それでは足りない場合、納税資金の調達に四苦八苦するはめになります。

最終的には、納税資金を確保するために不動産を売らないといけなくなる人も出てくるでしょう。しかし、相続人の間で「自宅は売りたくない」という人がいるかもしれません。そうすれば、それをきっかけとしてまた「争続」が起きてしまうことになるのです。

実例① 親の財産をあてにして大変なことに……

東京都に住む45歳の会社員Aさんは、子どもが大きくなって賃貸マンションでは手狭になったため、住み慣れた北区に5000万円で新築の一戸建てを購入しました。しかし、サラリーマンとはいえ、収入は横ば

改正ポイント1　基礎控除が減額される

2014年12月31日まで
5000万円＋(1000万円×法定相続人数)
▶
2015年1月1日より
3000万円＋(600万円×法定相続人数)

改正ポイント2　最高税率が引き上げられる

相続税

法定相続分に基づく取得金額	税率	控除額
1000万円以下	10%	なし
1000万円超 3000万円以下	15%	50万円
3000万円超 5000万円以下	20%	200万円
5000万円超 1億円以下	30%	700万円
1億円超　3億円以下	40%	1700万円
3億円超	50%	4700万円

▶

法定相続分に基づく取得金額	税率	控除額
1000万円以下	10%	なし
1000万円超 3000万円以下	15%	50万円
3000万円超 5000万円以下	20%	200万円
5000万円超 1億円以下	30%	700万円
1億円超　2億円以下	40%	1700万円
2億円超　3億円以下	45%	2700万円
3億円超　6億円以下	50%	4200万円
6億円超	55%	7200万円

1億円以上の税率が細分化され、最高税率が55%に引き上げられる

贈与税

基礎控除後の課税金額	税率	控除額
200万円以下	10%	なし
200万円超 300万円以下	15%	10万円
300万円超 400万円以下	20%	25万円
400万円超 600万円以下	30%	65万円
600万円超 1000万円以下	40%	125万円
1000万円超	50%	225万円

20歳以上の子や孫が直系尊属(両親や祖父母)から贈与を受けた場合

▶

課税価格(基礎控除後)	税率	控除額
200万円以下	10%	なし
200万円超 400万円以下	15%	10万円
400万円超 600万円以下	20%	30万円
600万円超 1000万円以下	30%	90万円
1000万円超 1500万円以下	40%	190万円
1500万円超 3000万円以下	45%	265万円
3000万円超 4500万円以下	50%	415万円
4500万円超	55%	640万円

いで今後増える見込みはありません。そんなAさんが購入を決意したのは、正直なところ親の遺産をあてにしていたからです。

父親は一カ月前に他界。両親が住んでいた台東区の一軒家を売って、母親と一緒に住むことを前提に購入したのでした。その一軒家の評価額は土地を含めて1億円。父親には預貯金も負債もなかったため、相続財産は1億円になりました。

改正後の相続税の基礎控除は3000万円+600万円×相続人の数。Aさんには弟が1人いるため、母親と合わせて、3000万円+1800万円＝4800万円の控除を受けられます。1億円から4800万円を引いた課税価格5200万円に対して相続税がかかることになりました。

税理士が計算したところ、かかる相続税は600万円。もともと不動産を売って納税しようと考えていたAさんが早々に両親の自宅の遺産分割をしようとしたところ、弟から待ったがかかりました。「母さんと同居して面倒を見るっていうだけで、財産を取りすぎじゃないか」と非難するのです。

結局、兄弟の仲を案じる母親の仲裁で、家は売らずに**共同所有**することになりました。

困ったのはAさんです。あてにしていた不動産の売却金が手に入らなくなったばかりか、相続税も課税されることになって貯金も底を尽き、不安な毎日を送っているようです。

二次相続は「相続貧乏」への甘いワナ

「**二次相続**」で相続貧乏になってしまう可能性もあります。**二次相続とは、両親のどちらかが亡くなる一回目の相続（一次相続）で残された片親から子への相続**のことをいいます。

仮に、夫婦と子ども2人の4人家族がいるとします。夫が亡くなって1回目の相続（一次相続）が発生した場合、法定相続人は妻と子ども2

共同所有
不動産を相続人同士で共有して所有すること。不動産の所有者を共有名義にすることで、不動産の売却には共有者全員の同意が必要になる。

二次相続
一次相続で残された片親から子どもへの相続。

一次相続
両親のどちらかがなくなる一回目の相続。

人で３名ですね。

一次相続の基礎控除額は、４８００万円（３０００万円＋６００万円×３人）。

一次相続で奥さんと子ども２人が自宅や預貯金などを含め、１億円の財産を相続したとしましょう。１億円から４８００万円を引いて、５２００万円が課税対象額と考えがちですが、そうではありません。

配偶者には、基礎控除額を超えても１億６０００万円の法定相続分まで相続税を払わなくてよいという**「配偶者の税額軽減の特例」**という制度があります。ですから、基本的に１回目の相続では相続税はかかりません。

ところが二次相続の場合は配偶者自身が被相続人になるため、配偶者の税額の軽減の特例が適用できません。さらに法定相続人が１人減ることで、基礎控除が６００万円分減ることになり、基礎控除額は４２００万円になってしまいます。

つまり、一次相続で配偶者の税額の軽減の特例を使っても、二次相続

配偶者の税額軽減の特例
基礎控除を超えても１億６０００万円の法定相続分まで相続税を免除される特例。

小規模宅地等の特例①
宅地を相続する場合に評価を下げる特例のこと。活用するには条件がある。Ｐ１５６参照。

で課税される可能性が高くなるだけなのでおすすめしません。

相続財産に自宅が含まれる場合、土地の評価額を減額する制度**（小規模宅地等の特例）**も存在しています。しかしながら、相続人同士が法定相続分を請求すれば、現金で相続財産を分割する必要が出てきます。

また、夫をすでに亡くしている、妻が自宅で一人暮らしをしている場合、親から子への二次相続になります。二次相続でそれぞれの子どもが持ち家を所有している場合、小規模宅地等の特例は使えなくなりますから、相続税が課税される可能性がさらに高まります。

相続財産が自宅用地４０００万円、自宅

配偶者の税額軽減の特例の３つのポイント

① 配偶者が相続する財産が1億6000万円以内

↓

相続税は課税されない

② 配偶者が相続する財産が3億2000万円以内

↓

1億6000万円分が非課税

③ 配偶者が相続する財産が3億2000万円以上

↓

相続する財産の半分が非課税になる

家屋２０００万円、預貯金１０００万円の合計７０００万円。法定相続人は配偶者と、子ども２人の３人のケースで考えてみます。土地と家屋で評価を分けたのは、小規模宅地等の特例は土地の評価を下げるために有効な特例であり、家屋の評価減には適用されないためです。

基礎控除は、３０００万円＋６００万円×３（人）＝４８００万円

小規模宅地等の特例を利用するケースを考えてみましょう。

自宅用地４０００万円が８割減、３２００万円減額されることになります。すると７０００万円－３２００万円＝３８００万円となり、相続税は課税されない。しかし、小規模宅地等の特例が利用できないと、７０００万円＞４８００万円となり、基礎控除額を上回ります。つまり、相続税が課税されることになってしまうのです。

土地の評価額
土地の評価額のこと。相続税の土地の評価は、市場価格で決められるのではなくて、路線価方式と倍率方式の２つで決められる。

道路のある市街地の土地を評価するときに使う。路線価方式とは、相続財産の土地が面している道路の１㎡の価格を土地の面積に掛けて計算される。

たとえば、路線価が50万円の道路に面した土地１００㎡が相続財産の場合、土地の評価額は50万円×１００で、５０００万円となる。

農地など道路がない土地を評価するには固定資産税評価額に評価倍率を掛けて評価する倍率方式がある。

詳しくはＰ１４９参照

二次相続の例

2回に分けて少しずつもらう方が納税は少なくなる

☆一次相続時

配偶者の税額軽減で1億6000万円の相続財産をすべて配偶者が相続すると

納税は0円

☆二次相続時

1億6000万円全てに相続税がかかる

1人で相続した場合、

{1億6000万円－(3000万円＋600万円)}×40%－1700万円

＝3260万円の納税

↓

一次相続時に分けておけば……

☆一次相続時に8000万円を配偶者と子どもで相続

配偶者……**納税は0円**(配偶者控除)

子ども……{1億6000万円－(3000万円＋600万円×2)}×1/2＝5900万円

5900万円×30%－700万円**＝1070万円の納税**

☆二次相続時に残りの8000万円を相続

{8000万円－(3000万円＋600万円)}×20%－200万円

＝680万円の納税

「相続貧乏」にならないために

大幅に基礎控除が下がる相続税制改正をきっかけに貧乏にならないようにするには、どうすればいいのでしょうか？

答えはひとつ。**「被相続人（両親）が生きているうちに、どれだけの相続対策を取れるか」**にかかっています。

そのためにまずやるべきこと、それは**「自分が相続税の課税対象かどうかを調べる」**ことです。一見面倒臭そうですが、自分に相続税がかかるのか、かからないのかを調べるのはとても簡単です。

具体的に相続税がいくら課税されるのかは、税理士に相続財産をきちんと調べてもらった上で計算する必要があります。でも、まずはざっくりと相続税が課税される・されないを調べるだけでも気分的にスッキリできますよね。

この本を読んでいる皆さんの相続財産の多くは、自宅と預貯金のみだと思います。そこで、**自宅の評価額と法定相続人の数を調べる**ことで、ざっくりと相続税の概算を知ることができます。

通常、自宅の評価額は土地と建物に分けて計算します。土地の価格は、国税庁が出している**「路線価」**に面積をかけたもの、建物の価格は、毎年送られてくる**「固定資産税課税明細書」**の明細で確認できます。しかし、この方法だと計算するまでが面倒なので、ざっくりといくらぐらいかを調べて、そこから基礎控除額を引いた金額で調べてみましょう。

だいたいの自宅金額がわかったら、次ページの表で法定相続人の数を確かめて、課税されるかどうかを確認してみましょう。**自宅の評価額が3600万円以下（相続人が配偶者のみの場合）であれば、課税はされません。**3600万円以上であれば、法定相続人の数によって課税されるかどうかが変わってきます。

自宅の評価額と預貯金などの個人資産の合計額（課税価格）が3600万円以上で基礎控除額を下回った場合、相続税はかかりませ

路線価
道路に面する宅地1㎡の土地の評価額のこと。

固定資産税課税明細書
不動産を所有している人に市町村役場から毎年送付される固定資産税を支払うときの計算の元になる土地の評価額の課税明細書。毎年5月頃に送付される。

ん。一方、合計額が３６００万円以上で、基礎控除額を上回れば相続税の課税対象になります。

どうでしょう、計算の結果、相続税の課税対象者かどうかわかりましたか？　もし、あなたが課税対象者でなければ、納税資金の問題はありません。

もし、課税対象者になってしまった場合は、相続遺産をきちんと分けたあとで、納税資金対策を考える必要があります。

第２章では、遺産分割問題の解決からお話ししていきましょう。

相続税額早見表

	配偶者がいる場合（夫婦のどちらかが亡くなった場合）		配偶者がいない場合（夫婦のどちらも亡くなった場合）	
相続財産額（基礎控除前）	子ども1人	子ども2人	子ども1人	子ども2人
5000万円	40万円	10万円	160万円	80万円
7500万円	197.5万円	143.8万円	580万円	395万円
1億円	385万円	315万円	1220万円	770万円
1億5000万円	920万円	747.5万円	2860万円	1840万円
2億円	1670万円	1350万円	4860万円	3340万円

MEMO

第2章

相続貧乏まっしぐら！「分け方」のトラブル

法律通りに分けられない相続財産が争続の火種になる

第1章では、相続税の基礎控除が減ることによって、首都圏に不動産を持っている人は今後、相続税を支払う可能性が高くなるということをお話しました。

つまり、いつ何時起きるかわからない相続によって、貧乏になってしまう可能性も増えるということです。しかし、きちんと対策をとっておけば、ピンチをチャンスに変えることができる、つまり相続貧乏ではなく、相続金持ちになることができるのです。

そのためには、不動産という相続財産をきちんと分けるための事前対策を立てておくことが重要です。相続では、事前対策が争続防止となるだけでなく、結果的に節税にもつながります。特に不動産の場合、事前対策の効果は非常に大きいものがあります。

そこで、この章では相続財産が不動産の場合、なぜ相続で問題が起きるのかということを少し詳しく紹介していきたいと思います。原因を分析することで、きちんとした対策を取ることができるからです。

最初の問題は、「相続財産の分け方について、遺族同士がもめる」ということでした。分け方についてもめるケースの原因は実にさまざまですが、大きく分けて２つあります。

ひとつは、**「法定相続分通りに分けにくい」**という問題。もうひとつは、**「分けた割合が不平等でもめる」**という問題です。

この２つが相続トラブルの原因のトップを占めています。戦後はそれまでの**家督相続**から**均分相続**へと相続制度が変わり、個人の権利意識が強くなっている昨今では、法定相続分を巡ってさまざまな問題が起こるようになってきました。

ところで、その問題となっている法定相続分とは、どのような分け方なのでしょうか。それには、まず**「法定相続人とは何か」**ということを知る必要があります。

家督相続
明治31年（１８９８年）に施行された旧民法下で行われた相続制度。兄弟が何人いようと、財産のすべては長男が相続するという制度。この影響が日本には未だ残っており、相続問題の原因になっている。

均分相続
相続人の権利を生まれの順に関わらず平等とする相続制度。昭和22年（１９４７年）に本格的に導入された。現民法下では、相続人は優先順位が決められているが、順位の同じ者に関しては、相続の権利は同じとする。このため、兄弟間で同じ権利を主張し、争続の原因になっている。

相続財産を相続できる人にも順位がある

法律で定められた相続人を「法定相続人」と呼びます。**配偶者である夫または妻は、必ず法定相続人**になります。それ以外に法定相続人の資格を持つ人は被相続人の子ども・両親・兄弟姉妹です。

配偶者と異なり、すべての人が相続人になれるわけではありません。優先順位としては一番目が子ども、二番目が父母、三番目が兄弟姉妹です。家系図でいうと**被相続人を中心としてタテ軸がヨコ軸よりも優先される**、ということを覚えておきましょう。

被相続人に子どもがいれば、相続人になるのは配偶者と子ども。子どもがいなければ、配偶者と父母。子どもも父母もいなければ、配偶者と兄弟姉妹となります。配偶者が亡くなっていれば、優先順位順に財産を相続する仕組みになっています。

では、子どもは亡くなっていて、子どもの子ども、つまり孫がいる場合はどうかというと、子どもの相続権がそのまま孫に引き継がれます。これを**「代襲相続」**と呼びます。

それ以外にも、養子や胎児、認知した愛人の子は法定相続人とみなしますが、配偶者の連れ子や子どもの配偶者は相続人になることができません。配偶者を除いて、被相続人と血のつながっている人しか相続できないことになっているからです。

もちろん愛人や内縁の妻、夫は配偶者ではないので相続人にはなれません。相続人になるためには正式な配偶者にする必要がありますし、配偶者の連れ子や子どもの配偶者を相続人にしたいなら、養子にしなければいけません。

代襲相続
相続開始以前に被相続人の子や兄弟姉妹が亡くなっていた場合、その子どもや孫が法定相続人になる制度。法定相続人である子どもが亡くなっていた場合は被相続人の直系卑属、つまり孫が法定相続人になる。子どもが亡くなっていて、兄弟姉妹も亡くなっていた場合は、傍系卑属が法定相続人となる。相続開始以前に亡くなったのが被相続人の子の場合であれば、何代にも渡って代襲相続が可能だが、被相続人の兄弟姉妹の場合は、一代限りしか代襲相続ができない。つまり、兄弟姉妹の孫は代襲相続ができないということ。

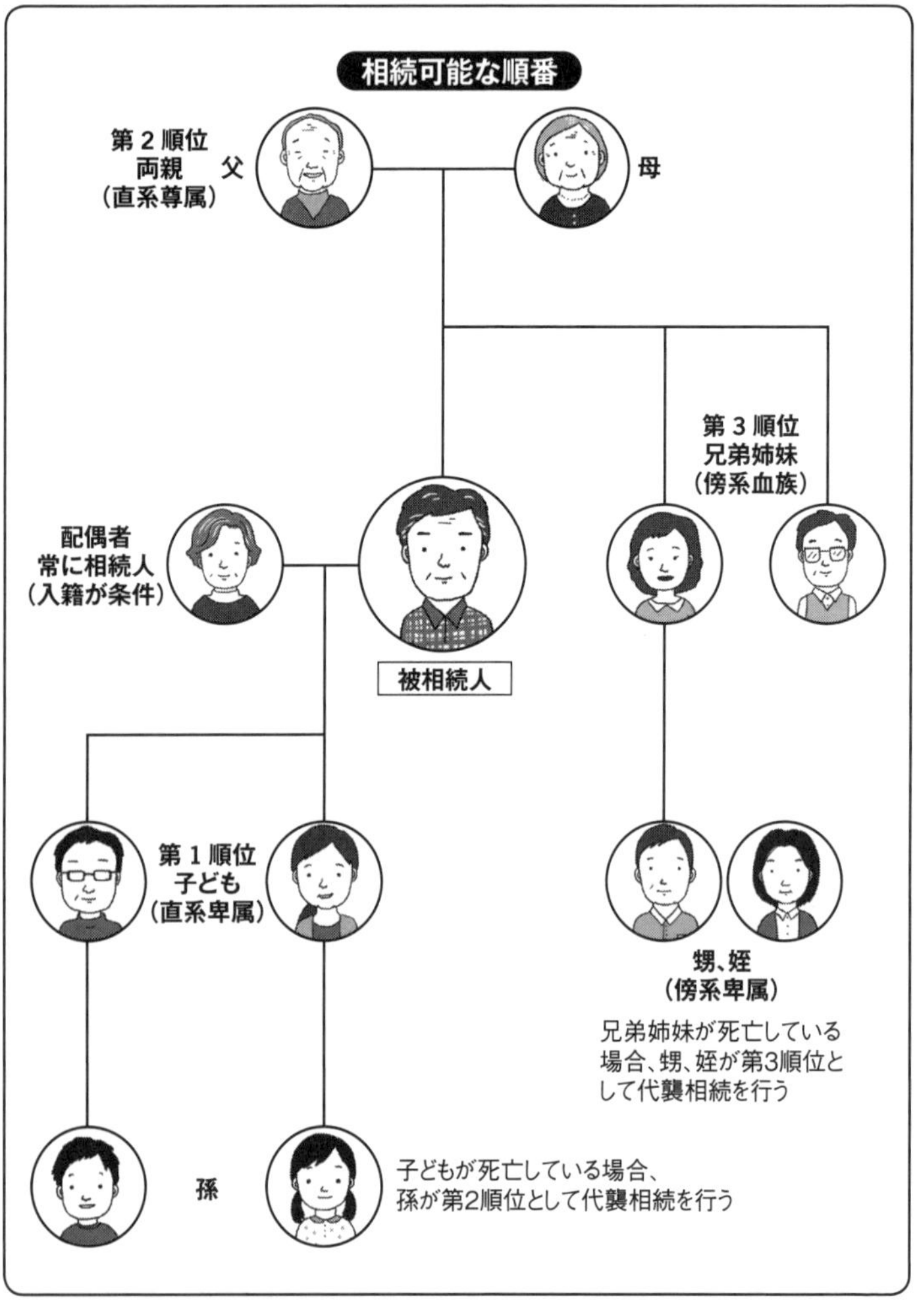
相続可能な順番
第２順位
両親　父
（直系尊属）
母
第３順位
兄弟姉妹
（傍系血族）
配偶者
常に相続人
（入籍が条件）
被相続人
第１順位
子ども
（直系卑属）
甥、姪
（傍系卑属）
兄弟姉妹が死亡している場合、甥、姪が第3順位として代襲相続を行う
孫
子どもが死亡している場合、孫が第2順位として代襲相続を行う

法律で決められている財産の割合とは?

法律で決められた財産の配分を**「法定相続分」**といいます。被相続人の配偶者は必ず法定相続人となり、他の法定相続人(子どもや父母)よりも多めに財産を配分されることになっています。これは**被相続人の財産は配偶者と協力して築いたもの**、という考えによります。ですから、法定相続分は、配偶者と他の法定相続人との組み合わせによって配分が変化します。

- 配偶者+子ども1人……配偶者と子どもで1/2ずつ分ける
- 配偶者+子ども2人……配偶者が1/2、子どもが1/4ずつ分ける
- 配偶者+子ども3人……配偶者が1/2、子どもが1/6ずつ分ける

つまり、法定相続人となる子どもが何人いても、配偶者は相続財産の半分を必ず相続します。そして、その残りを子どもが頭数で均等に割るのです。配偶者がいない場合、子どもの頭数で均等に財産を分配します。

子どもがいない場合、被相続人の親や兄弟姉妹と相続財産を分配することになります。その場合、親との場合は配偶者は2／3、兄弟姉妹の場合は、配偶者は3／4を譲り受けることになります。

分けられない財産＝自宅（不動産）

さて、話を「法定相続分通りに分割しにくい相続財産がある」という問題に戻しましょう。分割しにくい相続財産とは、言うまでもなく自宅（不動産）のことです。

次ページにある2011年の国税庁（税務統計）の調べによると、相続財産の内訳は土地が46％、建物が5・7％。**土地建物合わせて51・**

７%が不動産であることがわかります。

たとえば自宅の評価額が５０００万円、預貯金が１０００万円の家庭で夫が亡くなり、相続財産を妻と長男、次男の三人で分割する場合、法定相続分で分けると妻は６０００万円の１／２の３０００万円、長男と次男はそれぞれ１／４の１５００万円ずつ分けることになります。

妻と長男が自宅に住むということになれば、次男は当然、自分の法定相続分を主張する可能性があります。ところが預貯金は１０００万円しかないため、５００万円足りなくなってしまいます。この不足分をどうするかが問題になるというわけです。

相続財産の内訳（2011年） 国税庁税務統計

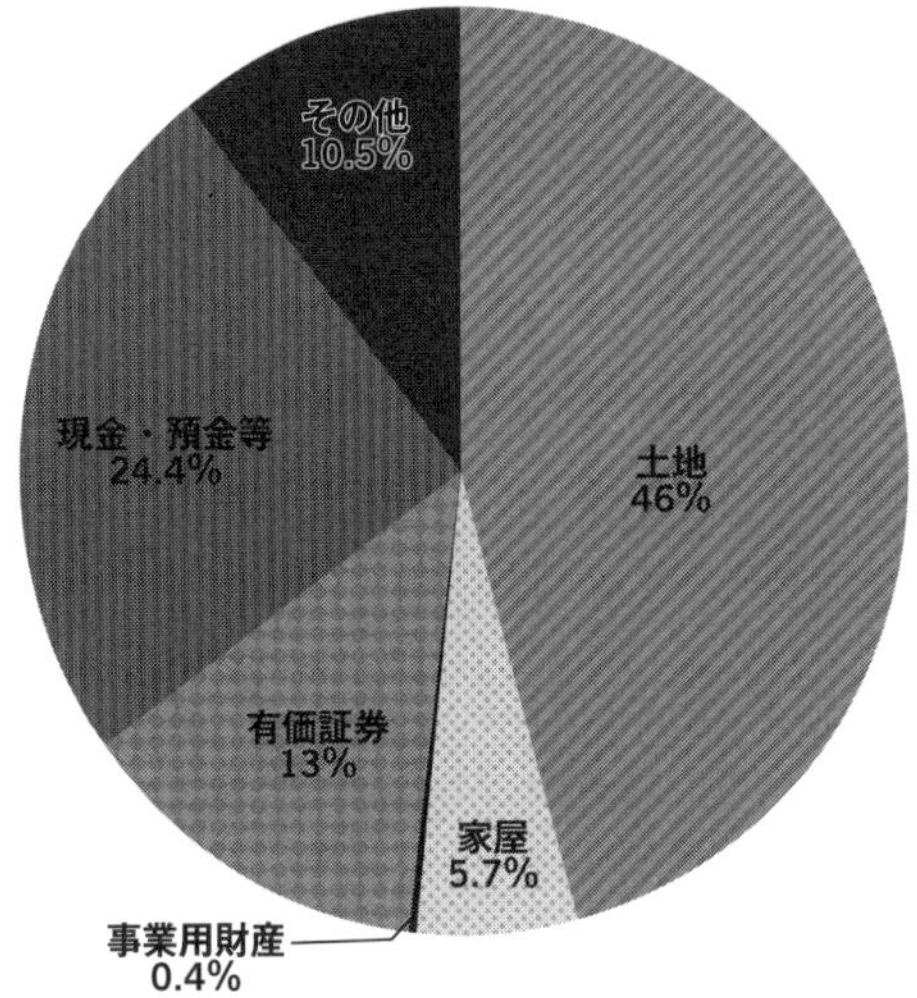

相続財産（不動産）の分割方法は4つある

相続財産の分割方法は、大きく分けて4つあります。

第一に**「現物分割」**です。

自宅は長男、別荘は次男などと、不動産をそのまま分割するわけですが、自宅しか不動産がない場合がほとんどですから、法定相続分通りに分けるのは非常に困難です。

前述したように、相続財産に複数の不動産が含まれる場合でも、この世にまったく同じ不動産は二つとないため、100%平等に分けることは不可能です。ただし、そういった価値の不平等な不動産でも、相続人がきちんと**「遺産分割協議」**を行い、それによって作成する**「遺産分割協議書」**にのっとって分割されれば問題はありません。

第二に**「換価分割」**です。

ただし、相続権が自宅のみの場合、一部のみを売却して現金化できな

現物分割
不動産を現物のまま分割する方法。

遺産分割協議
相続人同士で協議して、誰が何をどのような割合で取得するのかを決める会議のこと。

遺産分割協議書
遺産分割協議で相続人全員が合意した後、その遺産分割協議の結果を書面で残すこと。この書面がないと、相続財産の名義変更や被相続人の預貯金を下ろすことができない。

遺産分割協議書

平成○年○月○日死亡した、被相続人、阿智伊武太郎（生年月日昭和○年○月○日　本籍　東京都○区○町○番地）の遺産については、同人の相続人の全員において、分割協議を行った結果、次のとおり、遺産分割協議が成立した。

1　相続人　阿智伊武二郎が取得する財産
　(1) 東京都○○区○○番地
　宅地300平方メートル

2　相続人　阿智伊武三郎が取得する財産
　(1) 凹凸銀行東京支店の阿智伊武太郎の定期預金
　1口　500万円

3　相続人　阿智伊武四郎が取得する財産
　(1) ○×銀行大宮支店の阿智伊武太郎名義の普通財産
　1口　300万円

上記のとおり、相続人全員による遺産分割協議が成立したので、これを証するために本書を作成して各自署名、捺印する。

平成○年○月○日

東京都○○区○○町○番地　相続人　阿智伊武次郎　印
埼玉県○○市○○区○○町○番地　相続人　阿智伊武三郎　印
神奈川県○○市○○区○○町○番地　相続人　阿智伊武四郎　印

いため、この方法を取ることはできません。

第三に**「代償分割」**です。

特定の相続人が法定相続分を超える不動産を取得する代わりに、法定相続分の金銭などで支払う方法です。

第四に**「共有分割」**です。

複数の相続人で不動産の持分を法定相続分などで決め、共有名義にする方法です。自宅は分けにくいため共有分割を選択してしまいがちですが、不動産の共有は権利関係が複雑になり、後になって争続が発生しやすいためおすすめしません。

たとえば、自宅を売却・建て替えたい場合、自宅を共有分割していると、共有者全員の同意が必要になります。一人でも同意が得られなければ、売却や建て替えはできません。共有者の子どもや孫に権利が相続された場合、さらに複雑になるでしょう。売ることもできず、ただ所有し

換価分割
不動産の全部または一部を売却したお金を分割する方法。

代償分割
特定の相続人が法定相続分を超える不動産を得る代わりに、法定相続分のお金などで支払う方法。

共有分割
複数の相続人で不動産の持ち分を決め、共有名義にする方法。

ているだけの状態になってしまいます。**安易に共有という方法を取らずに、他の方法を模索していくべき**でしょう。

不動産の評価はひとつではない

自宅を法定相続分として分ける場合、ひとつ難点なのが「不動産の評価はひとつではない」ということです。

不動産は**「一物四価《いちぶつよんか》」**といわれ、ひとつの物件に対して代表的な４つの価格が存在します。

路線価……国税庁が毎年発表し、相続税や贈与税の土地評価の基礎となる価格

公示価格……国土交通省が発表する価格

固定資産税評価額……固定資産税を納税する時の基礎となる価格

時価……不動産市場の実勢価格

一物四価
土地には４つの価格がついているということを表現した言葉。

一般的に、**公示価格の価格水準を100とした場合、路線価は80、固定資産税評価額は70、時価は110とされています。**都心の商業地では路線価の2倍で売買されることもある一方、地方の住宅地では路線価でも買い手がつかないことがあります。

このように、不動産の価格はどれひとつとってみても同じものはありません。ところが、自宅を法定相続分通りに分けるとなると、どの価格を基準にするかで大きな「争続」の原因になりかねません。

見方によって不動産の評価額が上がる？

たとえば、こんな話があります。

介護が必要な母親と長男夫婦が、都内の一軒家に住んでいました。長女は結婚して自宅を出て、持ち家を持っていました。

母親が亡くなり相続が発生した時、自宅の固定資産税評価額は土地建物合わせて4000万円。長男はそのまま家に住み続けるつもりでいた

公示価格
国土交通省が発表する全国の土地の価格の基準値。

固定資産税評価額
固定資産税を課税する基準となる評価額。

時価
不動産会社などで表示されている不動産の市場価格。

ため、用意していた2000万円を長女に支払うことで代償分割しようとしましたが、長女は納得しません。**彼女は時価での土地評価を望んでいたのです。**時価での自宅の評価は6000万円。「1/2で分ければ3000万円なのだから、1000万円足りない」と主張したのです。

「そんなの、へりくつじゃないか」と思われるかもしれません。しかし、**法律的には認められる**のです。不動産の価格は法定相続人の合意によって決められるため、長女の主張にも一理あるためです。双方が合意に達しない場合、**不動産鑑定士の基準による鑑定**によって最終的に決められます。鑑定の結果、時価に近い金額であれば、長男は余計に1000万円支払うことになります。母親の預貯金がゼロで手元に資金がない場合、最悪、自宅の売却という選択肢を選ばなくてはならない可能性もあるということです。

不動産鑑定士
不動産の鑑定を行う専門家。

分割の割合が不満で揉める

もうひとつは、「分割の割合が不満で揉める」という場合です。相続人が遺産分割に関して不満を感じるのは、主に次の3つのケースです。

①無報酬で家業を手伝っている、もしくは親の介護をしている
②相続以前に生活費や住宅の購入費を援助してもらうなど、特定の相続人が特別な利益を受けていた
③遺産分割に際して「遺留分」を侵害している

遺留分①
相続人が、相続時に最低限もらえる金額。

①無報酬で家事を手伝っているケース

たとえば①のケースでは、次のような話があります。
個人事業で店舗を経営しているCさん。Cさんの奥さんはすでに他界

していて、長男と次男がいました。

自宅に同居してCさんのお店を手伝っているのは、次男とその奥さん。彼女は、無報酬でCさんの仕事を手伝っていました。

ところがある日、Cさんが突然病気で倒れ、日常生活もままならない状態になってしまったのです。次男は、突然倒れたCさんの代わりにお店を切り盛りすることで手いっぱい。病に倒れてから亡くなるまで、賢明に次男の奥さんがCさんの面倒を見ていました。Cさんが働けないので、自分の貯金から必要な日用品を買い揃えたりしていたのです。

やがてCさんが亡くなり、遺産分割の話になりました。Cさんの相続財産は自宅兼店舗の3000万円分の不動産と1000万円の預貯金。遺言書はありませんでしたが、Cさんとしては、当然次男に店を継いでほしいと考えていたことでしょう。

長男は都内で一流企業の管理職として働き、持ち家も持っています。Cさんが倒れてからも、1～2回見舞いに来た程度で、積極的に看病を手伝おうとはしなかったのです。

ところが、遺産分割に際して、長男は**「兄弟で平等に分けよう」**と言い出したのです。

こうした長男の意向に納得できないのが、次男の嫁です。それはそうですよね、次男夫婦は無報酬で家業を手伝い、自宅で介護をしたり、自分の貯金を切り崩して必要なものを取り揃えていたりしたのですから。

仮に長男の嫁が法定相続人であれば、法定相続分に加えて、**「寄与分」**が認められます。しかし、彼女は法定相続人ではないため、寄与分はおろか、法定相続分すらもらうことができません。なんとか相続分を増加しようと、次男は弁護士を立てて交渉を継続しています。次男は**「遺言書さえあればこんな泥沼の争いを避けられたのに……」**と悔やんでいるそうです。

なお、寄与分には**「介護をしたことで相続財産を維持、または増加させた」**という明確な事実が必要になります。そのため、単に親の介護をしただけでは寄与分はもらえません。このため、親の介護をした法定相

寄与分
被相続人の財産の維持または増加に特別の寄与をしていた場合に、その人の相続分を増やす制度。昭和55年の民法改正によって新設された。単に療養看護をしただけでは夫婦や親子には扶養義務があるため認められない。

続人が他の相続人と同じ財産配分になってしまいがちです。このようなケースも、争続の火種になりやすいのです。

②相続以前に特別な利益を得ているケース

たとえば、子どものだれかが親と同居している場合。

親が認知症などで要介護状態になったために、親の生活費を子どもが親の口座から引き落としていたりすると、領収書がないかぎり、そのお金は他の相続人から**「特別受益」**とみなされるおそれがあります。

特別受益を得ている相続人がいる場合は、もらったお金を相続財産に含めてそれぞれ分配することになります。つまり**親のためではなく、自分のためにお金を使ったのではないか**と他の兄弟や姉妹から疑われやすいということです。

こうしたことも争続の原因になりがちなので、**親の口座からお金を引き落とすときには、きちんと記録をつけておく、または領収書を保管し**

特別受益①
特定の相続人が、生前贈与などの利益を受けている状態。

ておくことが大切です。

また、被相続人の生前にまとまった額の住宅購入資金を贈与してもらっていたり、孫に対して多額の学費を援助してもらっていたりするときも、特別受益とみなされる可能性があります。**生前贈与**は税制上の優遇があるため積極的に行う人も多いのですが、他の相続人のことをきちんと考えた上でバランスよく贈与を行った方が、争続防止になります。

かわいい子どもや孫のために資金援助をしてあげることは素晴らしいことですが、相続人である兄弟間の公平感を考えると、自ら争続の火種を撒いているのと同じです。そこで、**子どもや孫など特定の相続人に利益を贈与したら、その利益分を相続財産に含めておく**ことが重要になります。そして、贈与として**財産を分けたことをきちんと遺言書に残しておく**ことが必要でしょう。

③遺産分割に関して「遺留分」を侵しているケース

生前贈与
被相続人が生きているうちに相続人に贈与すること。

どんなドラ息子であっても、まったく相続財産を残さないということはできません。それは、**「遺留分」**という制度があるからです。

遺留分とは**「相続人が相続で最低限もらえる財産」**のこと。相続人の生活保障や、相続人間の公平な財産相続を担保するために設けられた制度です。この遺留分はたとえ遺言であっても変更できません。

遺留分は法定相続人に認められている制度ですが、被相続人の兄弟姉妹のみが法定相続人の場合、遺留分は存在しないため自由に財産を分けることができます。

では、具体的にどれだけ遺留分があるかですが、これは法定相続人が被相続人とどのような血縁関係にあるかで決まります。つまり、**法定相続分がすべて認められるわけではない**ということです。

遺留分の持分は、具体的には次のようになります。

・父母、両親など直系尊属だけが相続人の場合……遺産の1／3

遺留分②
相続人の生活保障やその他の法定相続人との公平感を図るために設けられた制度で、相続人が必ず取得できる相続財産。遺留分の割合は、父母等直系尊属のみが相続人の場合は相続財産の1／3、それ以外は1／2となる。ちなみに、遺留分は相続がスタートする以前に法定相続人に放棄させることができる。遺留分の放棄の手続きには、家庭裁判所の審判による許可が必要。遺留分放棄手続きが行われれば、遺留分を無視した遺言が行われても、遺言の内容通りに相続が実現することになる。

・兄弟姉妹（家系図において被相続人から見てヨコの関係）が相続人の場合……0
・その他（配偶者・子ども・直系尊属である父母の組み合わせ）の場合……遺産の1／2

たとえば、相続財産の総額が1億円で相続人が配偶者と子ども一人のケースで、「配偶者にすべて相続財産を渡す」という遺言を残した場合、子どもの遺留分1／4に当たる2500万円が「侵害」されています。そこで、配偶者に対して子どもが侵害額2500万円を請求することを**「遺留分減殺請求」**といいます。

分けるなら、平等よりも「公平」に

では、どのようにして相続で問題になりやすい分け方を避けたらよいのでしょう。

直系尊属
自分より上の世代の直系親族。父母、祖父母など。

遺留分減殺請求
遺留分があると申し込む権利のこと。遺留分は遺言でも変更できないが、法定相続人が「自分には相続財産の遺留分がある」と申し入れない限り、遺留分を取得することはできない。相続の開始および、減殺すべき贈与、遺贈があったことを知ったときから1年以内に行使しなければ消滅する。遺留分の侵害を知らなかった場合でも、相続開始後10年以内に行使しないと消滅してしまうので注意。

大切なスタンスは、**「完璧に平等に財産を分けようとせず、被相続人とそれぞれの相続人の間での公平感を重視して分ける」**ことです。

たとえば、法定相続人３人に対して、自宅・賃貸アパート・賃貸区分所有マンションの３つの不動産があるとします。

「平等」を重視するのであれば、３つの不動産をすべて３人の共有名義にする方法が考えられます。

しかし、共有名義にすると、その後の現金化や賃貸運営が煩雑になるばかりでなく、その３人に相続があった場合にさらに権利関係が複雑になってしまいます。

そこで「公平」を重視して３つの不動産をそれぞれ１人１個相続させ、価値の違いを現金で調整することで、争続の火種が残りにくくなるということです。

これまで見てきたように、法定相続人の間で完全に均等に相続財産を分けることはまずできません。相続財産が自宅しかない場合、親が事業をしている場合など、平等に分けることができないからこそ、公平感を重視して相続財産を分ける必要があるのです。そのためにも、**親子全員でどのように分けることが公平なのかを話し合って遺言書を作成しておく**ことが大切でしょう。

第3章では、具体的な分け方を詳しく見ていきます。

法定相続分と遺留分①

	法定相続分	遺留分 （配偶者と子どもの組み合わせの場合 遺産総額の1/2）
配偶者と 子ども１人	 配偶者は1/2 子どもは1/2	 配偶者は1/4 子どもは1/4
配偶者と 子ども２人	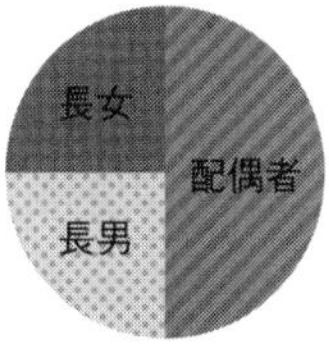 配偶者は1/2 子どもはそれぞれ1/4	 配偶者は1/4 子どもはそれぞれ1/8
配偶者と 子ども3人	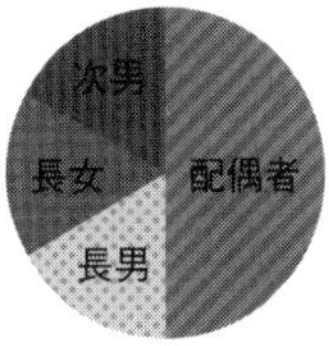 配偶者は1/2 子どもはそれぞれ1/6	 配偶者は1/4 子どもはそれぞれ1/12

※指定相続人……被相続人の遺言により指定された相続人（隠し子、愛人、特定の法定相続人など）

法定相続分と遺留分②

<table>
<tr><th></th><th>法定相続分</th><th>遺留分
(配偶者と子ども、直系尊属の組み合わせの場合、遺産総額の1/2)</th></tr>
<tr><td>配偶者と
両親
(直系尊属)</td><td>
配偶者が2/3
親(直系尊属)が1/3</td><td>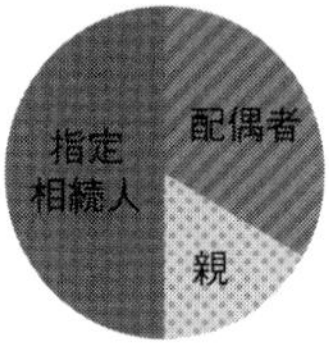
配偶者が1/3
親が1/6</td></tr>
<tr><td>配偶者と
兄弟姉妹
(傍系血族)</td><td>
配偶者が3/4
兄弟姉妹は1/4</td><td>
配偶者が1/2
兄弟姉妹はなし</td></tr>
<tr><td>子ども2人</td><td>
それぞれ1/2</td><td>
それぞれ1/4</td></tr>
</table>

第3章

相続金持ちになるための「分け方」のルール

相続対策には順番がある

繰り返しお話ししているように、2015年1月からは相続税の基礎控除額が減額され、多くの人が相続税の課税対象者となる可能性が出てきます。

実際に相続税を支払わないといけない立場になると、どうしても「どうお金を残すか」という節税対策にばかり気をとられがちですが、相続対策で本当に最優先すべきは、**「脱・争続」**、つまり「もめないこと」であることを忘れないでください。もめればもめるほど、弁護士費用や10カ月に間に合わなかった場合の追徴課税など、よけいな費用がかかり、**結果としてひとりあたりの相続額が少なくなってしまう**からです。ですから、相続財産の大小に関わらず、きちんと対策を立てておくことが必要なのです。**まずは争続を回避する。**そこからスタートしてほしいと思います。

「平等」よりも「公平」に

争続における一番大きな火種は、前章で紹介した「相続財産の分け方」です。分け方が法定相続人同士ですんなり納得できるものであれば、そもそも争続には発展しません。だからこそ、「分け方のルール」を明確にしておくことが大切なのです。相続財産を分けるときには、平等よりも「公平」な分け方を心がけるとともに、その**分け方をきちんと遺言書という「カタチ（書面）」で残しておく**ことが大切です。

遺言書があれば、相続人は分け方について必要以上に詮索したり、迷ったりする必要はありません。また生前に争続を回避するための方法として、**相続人に対して相続財産の生前贈与をすませておく**というのも賢い方法といえます。事前に手を打っておくことで、より多くの財産を配偶者や子ども、そして孫に残すことができるのです。

生命保険を争続回避に活用する

相続財産の分割には、生命保険も活用できます。

生命保険金は、相続税法上の**「みなしの相続財産」**として相続税の課税対象になります。つまり、**相続によって発生した生命保険金は受取人の固有の財産となるため、相続人の間で分けられない**のです。うまく活用すれば相続財産の有効な分け方対策になりますが、活用の仕方を間違えると、争続の火種になってしまうので注意が必要です。

生命保険金は、相続財産を代償分割する場合に活用できます。たとえば、父と長男・次男の3人家族で、長男に自宅を相続させたいが、次男に法定相続分の相続財産を残すことができない場合、次男に生命保険金を財産の代わりとして渡すことができます。ポイントは、**長男を保険金の受取人にし、長男から次男へ「代償金」という形で渡す**という流れにすることです。

なぜなら、次男を保険金の受取人にしてしまうと、保険金は次男の固

みなしの相続財産
被相続人が死亡することによって、相続財産となるもののこと。本来は相続財産ではないが、相続税を課税するために、相続財産としてみなして計算することから、みなしの相続財産と呼ばれる。
主なものは死亡保険金や退職金など。

有財産となるため、次男は保険金をもらった後も法定相続分を主張することが法律上可能になってしまうのです。

脱・争続策をひと通り立てたら、その次に考えることは、相続財産に相続税がかかるようであれば、「納税資金対策」です。先ほどお話ししたように、相続税は基本的に現金一括払いです。**相続財産を現金や現金化しやすいもの（株式など）に前もって変えておく**とよいでしょう。

相続税の納税資金として、ここでも生命保険が活用できます。相続財産である銀行預金は銀行によって口座凍結されてしまい、遺産分割協議が行われないかぎりすぐに現金化できませんが、保険金は受取人の手続きだけで、通常1〜5週間で現金で受け取ることができるのです。

代償金
他の法定相続人に与えるお金のこと。たとえば、子ども4人（長男、次男、三男、四男）で1億円の不動産を相続するケース。長男が不動産をすべて相続し、代償分割する場合は、次男と三男、四男に2500万円ずつの代償金を与える必要がある。

生命保険の非課税枠を活用して相続金持ちになる

先ほどお話ししたように、生命保険金は相続財産には含まれませんが、税法上は相続によって取得した財産とみなされるため、相続税の課税対象になります。その代わりと言ってはなんですが、**非課税枠（非課税限度額）が充実**しています。生命保険金には「遺族の生活保障」としての役割があるためです。具体的には、相続人1人当たり500万円まで非課税となります。つまり、次のような計算式が成り立ちます。

500万円×法定相続人の数＝非課税額

次ページで、自宅の評価額が5000万円、預貯金が5000万円の相続財産（合計1億円）があり、法定相続人が配偶者と子ども2人の場合で、生命保険を活用した場合としない場合を比べてみましょう。

相続財産１億円で生命保険を活用しない場合

法定相続人：配偶者と子ども2人

- 基礎控除額＝4800万円（3000万円+600万円×３人）
- 課税価額＝5200万円（1億円－4800万円）
- 配偶者の課税額＝340万円（2600万円×15%－50万円）
- 子どもの１人あたり課税額＝145万円（2600万円×0.5×15%－50万円）
- **合計課税額＝340+（145×2）＝630万円**

相続財産１億円で生命保険を活用した場合

法定相続人：配偶者と子ども2人

- 基礎控除額＝4800万円+1500万円（生命保険の非課税枠500万円×３人）
- 課税価額＝3700万円（1億円－6300万円）
- 配偶者の課税額＝227万5000円（1850万円×15%－50万円）
- 子どもの１人あたり課税額＝92万5000円（1850万円×0.5×10%）
- **合計課税額＝227.5+（92.5×2）＝412万5000円**

↓

630万円－412万5000円＝217万5000円の節税効果！

たとえば、被相続人である夫が亡くなり、妻と子ども2人が相続人の場合、500万円×3人で1500万円までが非課税となります。死亡保険金が3000万円の場合、非課税額1500万円を差し引いた1500万円が相続税の課税対象額になります。

二次相続でも、非課税枠は活用できる

先ほどお話ししたように、一次相続では配偶者が法定相続人の場合に「配偶者に対する相続税額の軽減の特例」が活用できます。特例では、配偶者が取得する相続財産の1億6000万円までか、法定相続分（遺産額の1／2）までは相続税がかからないということでした。

しかし二次相続ではその特例が活用できないため、子どもの相続税の負担額が大きくなります。そんな時にも、生命保険の非課税枠が活用できます。

ただし、死亡保険金にも税金はかかる

死亡保険金にも税金はかかります。具体的には契約形態により税金の種類が異なってくるため、相続税の非課税枠を利用するためには注意が必要です。

生命保険に加入している人を**「被保険者」**といい、保険料の負担者を**「保険契約者」**、死亡保険金を実際に受け取る人は**「保険受取人」**といいます。これらが誰であるかによって、課税される税金が**「相続税」「所得税」「贈与税」**と３つに分けられるのです。

もちろん、死亡保険金の額にもよりますが、基本的には課税される税金は相続税のほうが有利です。なぜなら、前述した生命保険金の非課税枠を活用できるからです。

課される税金の種類は、保険契約者と保険受取人の違いによって、

死亡保険金
被保険者が死亡したことによって、生命保険会社が保険受取人に支払うお金。

被保険者
生命保険に加入している人。

保険契約者
生命保険料の負担者。

保険受取人
死亡保険金の受取人。

以下の3つに分けられます。

節税対策はまず贈与。その後、不動産や生命保険を考える

最初にやるべきは「争続対策」。

次にやるのが「節税対策」。

それでも相続税を支払わなければいけないなら、最後に「納税資金対策」を考えます。

その前に大前提として、**今の財産に相続税がかかるのか、かからないのかを把握する**ことが大切です。もう一度、45ページの相続税額早見表を確認してみましょう。

相続税がかからないのであれば、争続対策だけで解決できます。相続税がかかるということであ

契約者（保険料負担者）	被保険者	保険金受取人	課税される税金
父	父	母	母に相続税
母	父	子	子に贈与税
子	父	子	子に所得税

れば、節税対策・納税資金対策と考えていきます。

節税対策の基本は、**「課税対象になる相続財産を減らす」**ことです。

まずは生前贈与で相続財産を減らすという方法を採用しましょう。

ただし、生前贈与にかかる贈与税には**累進課税**が適用されます。そのため、短期間に多額の財産を贈与してしまうと相続税より納税額が増えてしまったり、そもそも贈与としてみなされなくなってしまう場合もあります。

そこで活用したいのが、「不動産」と「生命保険」です。

更地の相続財産がある場合、建物を建てるだけで土地の評価額は下がります。なぜなら、「建物には人が住むため売りにくくなる」と判断されるからです。不動産投資として、アパートや賃貸マンションを建てることで土地の評価を自宅よりもさらに下げることができます。

ただし、賃貸不動産経営にはそれなりの準備と経営感覚が必要です。土地の評価額を下げた分以上に建てた物件の空室が増えてローンを支払

累進課税
課税対象額が増えるほど、より高い税率になる仕組み。

更地
建築物などが建っておらず、まっさらな状況の土地のこと。

えなくなってしまっては、本末転倒ですよね。

もうひとつは、先ほどご紹介した、生命保険を活用する方法です。たとえば、被相続人である父親が長男に対して、毎年２００万円ずつ**「暦年課税制度」**を使って贈与するケースを考えてみましょう。

暦年課税制度には、年間１１０万円の基礎控除が設けられています。この場合、２００万円から基礎控除１１０万円を差し引いた90万円が贈与税の課税対象になります。

この90万円に対して贈与税が10％、つまり9万円かかります。90万円から9万円を引いた残り81万円のうちから、父親を被保険者、長男を契約者兼死亡保険金受取人にして終身保険に加入するのです。これによって、相続の発生時に保険金を受け取ることができます（詳しくは１２８ページ「生命保険料を子どもに贈与する裏技」参照）。

保険金は受取人の固有の財産であり、他の相続人に分配する必要のないお金です。そのため、納税資金や、相続財産としての自宅の代償金と

暦年課税制度
贈与税の一般的な課税制度。1月1日から12月31日までの1年間（暦年）に贈与された財産について課税する制度。１１０万円までは非課税。

して活用できます。

死亡保険金の請求手続きは、書類などの不備がなければ請求から入金まで5日~1週間程度で完了するため、とても便利です。これに対し、預貯金は相続財産のため、遺産分割協議が終わらないと預金口座から引き出すことができません。仮に協議が長引いたりすれば、相続税の納付期限である相続開始後10カ月に間に合わない可能性もあります。その場合には、相続人がひとまず自己資金で相続税を納付する必要があるので、納税資金の確保はとても重要なトピックです。

相続対策には終身保険を選ぶ

相続対策で生命保険に加入する時には、終身保険を選ぶようにしましょう。定期保険や養老保険では、相続発生時に生命保険の満期が過ぎていて、保険金が受け取れない可能性があるからです。

今から保険加入を検討する人は、**「一時払い終身保険」**も視野に入れ

一時払い終身保険
契約時に保険料を一時払いすることで、一生涯の死亡保障を確保できる保険商品のこと。

るとよいでしょう。一時払い終身保険とは、契約時に保険料を一時払いすることで、一生涯の死亡保障を確保できる保険商品のことです。たとえば数百万円の保険料を最初に支払うことで、死亡時に1000万円程度の死亡保険金を受け取ることができます。商品にはさまざまな種類があるので、自分に合った商品を選ぶようにしましょう。

なお、死亡保険金の**受取人は一保険（証券）につき1人**を指定するようにしましょう。ひとつの保険に複数の受取人が指定されていた場合、保険金が支払われるのは受取人の代表者の口座だけだからです。争続が起きていると、このことがさらなる火種になりかねません。

まず「誰に何を残すか」を考える

次に争続対策、つまり相続財産の「分け方」から考えていきましょう。本書をお読みいただいている方の被相続人、つまりご両親が所有している相続財産のほとんどは自宅だと思います。相続人の家庭が配偶者と子ども一人であれば、分け方については特に問題ないでしょう。

しかし、子どもが二人以上いる場合は、分け方について考慮する必要があります。誰が自宅を相続するのか、一人が自宅を相続した場合、法定相続分に問題が生じないかといったことを考えなくてはいけません。法定相続分に問題が生じる場合、自宅の代わりに相続させる財産を用意する必要があります。しかしこれまで紹介してきた通り、公平感を重視して分けないと争続が生じてしまいます。

前章でお話しした通り、「分け方」には大きく分けて2つの問題がありました。

ひとつは、**「法定相続分通りに分割しにくい相続財産がある」**。

もうひとつは、**「分割した割合が不満でもめる」**。

そもそも分割しにくい自宅をどのように分けるのかを考える前に、

「分割した割合が不満でもめる」という問題を解決する必要があります。相続財産の分配の不公平感がなくなれば、自ずと分けられない自宅をどのように扱うかも決まってきます。

遺産の分け方が不満で揉めるケースには、次の3つがありました。

①無報酬で家事を手伝っているケース
②相続以前に特別な利益を得ているケース
③遺産分割に関して遺留分を侵しているケース

それでは、3つの問題の解決方法について順を追って説明していきましょう。

①報酬で家事を手伝っているケースを「争続」にしないために

①のケースでよくあるのが、被相続人の面倒を見る目的で長男・長女

の家族が両親の自宅に同居するというケースです。

この状態で相続が発生した場合に問題になるのが、前章で紹介した相続財産の寄与分です。繰り返しになりますが、寄与分とは、相続人が被相続人の財産の維持または増加に特別の寄与をしていた場合に、その相続人の相続分を増やすというものです。

しかし、寄与分が認められるためには、厳格な条件があります。親と同居後、要介護状態になった親の面倒を見ていただけでは、認められません。なぜなら、一緒に住んでいる子どもであれば親の面倒を見るのが当たり前（相互に扶養義務があるため）と考えられているからです。

寄与分が認められる場合は、大きく分けて次の３つのケースです。

①「家業従事型」

被相続人の家業に法定相続人が従事し、ほぼ無報酬で相続財産の維持・増加に寄与した場合

②「金銭等拠出型」

被相続人の事業に関する借金を法定相続人の財産から返済するなど、事業の発展や維持に寄与した場合

③「療養介護型」

長期療養中の被相続人の看護に努めることで被相続人が看護費用の支出を免れ、財産の維持がなされた場合

法定相続人同士で行う遺産分割協議や家庭裁判所の調停でも話がまとまらない場合、家庭裁判所の審判により、寄与分の有無とその金額が決められます。

寄与分が認められた場合の計算は、次のようになります。

自宅の評価額が5000万円のケースで、長男がそのうち20%を寄与分として認められたとします。5000万円の20%ですから、1000万円です。遺産総額から1000万円を控除した4000万円を法定相続分で分けます。長男と次男、長女の3名が法定相続人の場合は、1333万円ずつ分けた後、長男に寄与分である1000万円が加

算され、長男の相続分は2333万円となります。ただし、寄与分の正当性や範囲などの判断は個々のケースにより千差万別で、金額を数値化することは困難です。

なお、寄与分を定めるためには、相続人全員の協議で合意するか、寄与分を定めるために、家裁へ調停や審判を申し立てる必要があります。

ちなみに、**2011年度の司法統計によると、寄与分を認めた審判の事例は1割以下。**調停で寄与分を定めた事例を合わせても1割に満たない状況です。しかも、寄与分が問題になる場合、必ずと言っていいほど他の相続人から**特別受益**を主張されるケースが多いのです。

要するに、「介護にかこつけて、親の相続財産を勝手に使ったのではないか」と主張されてしまうわけです。これでは、争続が起きるのは火を見るよりも明らかですね。

しかしながら、長男・長女だけが親の介護に関わり、次男や長女などは両親の介護や手伝いに一切携わらないまま、相続を迎えてしまうケースが後を絶ちません。このケースを争続にしないためには、次のような

特別受益②
被相続人から相続人に与えられる特別な利益のこと。よくあるのが、子どもが親と同居して、親の財産を共同生活費の一部として、使っている場合。親の財産が減った分は、その相続人に生前贈与されているとみなし、遺産分割を行うため、争続になりやすい。

対策が有効です。

ひとつは、きちんと**「遺言書」**を書くこと。

最低限遺言書があれば、法定相続分通りに分ける必要はありません（ただし、遺留分を侵害する配分は除く）。法定相続分は法律で定められた配分ですが、財産を分けるときに遺言がなく、配分方法でもめた場合の一つの基準として用いられるものです。ですから、相続人の間で納得できれば、その通りに分けなくてもよいのです。

この場合、遺言書で「該当夫婦に多めに相続財産を配分する」ということを**「書いて残す」**ことが大切です。遺言書で残すのが心配なら、相続発生から3年以内であれば生前贈与で遺産を贈与する方法もあります。ただし、相続財産が自宅だけで預貯金に乏しいという場合、生前贈与を行うのは現実的に難しいので、遺言書を活用することになります。

たとえば、自宅の評価額が5000万円、預貯金が5000万円の合

遺言書
民法上は、死後の法律関係を確定するためのもの。自筆証書遺言、公正証書遺言、秘密証書遺言の3つがある。

計1億円の相続財産があり、長男、次男、長女が相続人というケースを考えてみましょう。

長男は被相続人の自宅に同居して家業を手伝い、長男の嫁が被相続人の面倒を10年近く見ていたケースでは、争いを避けるために、遺言書を書いておくことは非常に有効です。

遺言書がなければ、1億円の相続財産は3分割しなければならなくなりますが、遺言書で**「長男には家業の手伝いなどで苦労をかけたため、自宅は長男が引き継ぎ、預貯金を次男と長女で半分ずつ分けることにする」**と書いてあれば、それほど大きな争続は起きないはずです。

では、評価額5000万円の自宅だけで預貯金がない場合はどうでしょうか。

次男と長女の遺留分は、相続財産5000万円の6分の1。つまり、最低でもそれぞれ833万円、合計して1666万円ありますから、それぞれが遺留分減殺請求を行うと、その金額を長男は用意しなければいけません。預貯金がない場合は、自宅を売らなければいけませんから、何らかの対策が必要になります。

その対策のひとつとして、被相続人が**生前から生命保険に加入して遺留分に備える**方法が挙げられます。

この場合、死亡保険金の受取人を長男に指定し、長男から次男と長女に保険金を分けるという方法が考えられます。

②相続以前に特別受益のあるケースを「争続」にしないために

相続以前に、法定相続人が被相続人から特別な利益を得ているケースです。よく問題となるのが、親からまとまった住宅購入資金を贈与されていたり、子どもへ多額の学費を援助してもらっているケースです。

先ほどお話ししたように、節税の基本は生前贈与なので、贈与を積極的に行うこと自体は問題ありません。しかし、法定相続人同士の公平感は保ちたいものです。特定の相続人に対して、法定相続分を超えて過度に贈与を行うことは、兄弟姉妹の争続の原因になりやすいのです。このように、相続財産に含めるべき財産を**特別受益**といいます。

争続を避けるためには、被相続人が遺言書に「特定の相続人に生前贈与した分、残りの相続財産は他の相続人に不公平にならないように配分する」などと書いておく配慮が必要です。または、同じく遺言書で**特別受益の持ち戻し**をしない、つまり「生前贈与した分は相続財産に含めない」という意思表示をしておけば、特定の相続人に法定相続分以上の相続財産を贈与または遺贈できます。これを**「特別受益の持ち戻しの免除」**といいます。

一方で、その気はなくても「特別受益者」として他の相続人に勘違いされがちなのが、被相続人と同居している法定相続人です。

たとえば、両親と同居している長男とその家族が、両親の生活費として代わりに両親の銀行口座から現金などを引き落としている場合です。「生前に特別受益を得ていたのではないか」と問題になるであろうこと

特別受益③
ちなみに、法定相続人でない孫に生前贈与する場合は、特別受益として認められないケースもある。ただし、明らかに相続財産の前渡しの意味を持つ贈与であれば、その限りではない。

は容易に想像がつきますね。この場合もきちんと遺言書を残しておくことで、大半の問題を避けることができます。

ただし注意が必要なのは、**特別受益の持ち戻し免除は、遺留分を侵害する仕組み**であることです。たとえば、同居している母親から長男が自宅を生前贈与されていた場合です。遺言書に「自宅を長男に贈与する」と書いても、長男以外の遺留分を侵害することはできません。

ですから、長女や次男から遺留分減殺請求があれば、遺留分を配分する必要があります。

たとえば、法定相続人が長男と長女で、4000万円の評価額の自宅を長男にすべて生前贈与した場合。長女の遺留分は4分の1ありますから、1000万円です。この1000万円を長男が用意する必要が出てきます。1000万円を用意できなければ、自宅を売却してそのお金を作らなければいけないので、注意が必要です。

特別受益の持ち戻しの免除
特定の相続人が被相続人から生前に利益を受けている場合、他の相続人との間に不公平が生じないように是正する制度。
相続の開始時に被相続人が持っていた財産に特別受益の価額を加えたものを相続財産とみなす。特別受益者は、持ち戻し後の相続財産から算定した自分の相続分から、遺贈、贈与分の価額を控除した分を相続する。
ただし、被相続人が遺言書に持ち戻し免除の意思表示を記載していた場合には、生前贈与や遺贈した分を控除した残りの相続財産を法定相続人同士で分配する。
この場合にも他の法定相続人の遺留分は侵害できないので注意。

③遺産分割に関して遺留分を侵しているケースを「争続」にしないために

③は被相続人の意向で、法定相続人同士の争いがもっとも発生しやすいケースといえそうです。**一番多いのが、遺言書の内容が遺留分を侵した配分方法になっていること**です。このような問題を避けるためには、遺留分を侵さないように相続財産を分配することが必要になりますが、唯一の遺産が自宅という場合、なかなか難しいのが現実です。

たとえば、法定相続人が長男・次男の２人で、相続財産が自宅のみのケースを考えてみましょう。このとき、被相続人が生前に長男に自宅を贈与した場合、この自宅に対して次男の遺留分は１／４あるので、相続がスタートした後に、次男は長男に対して遺留分減殺請求を行う可能性があります。

長男は自宅を守るために、**相続放棄**するという選択肢もありますが、相続開始前から1年以内の贈与、または遺留分を侵害することを知って

相続放棄②
相続人が相続に関する一切の権利を失うこと。相続放棄を選ぶと、単なる放棄ではなく、最初から相続人でなかったことになる。一度、放棄すると撤回はできない。

行われた贈与に対しては遺留分減殺請求ができるため、相続放棄をしても、次男の遺留分を確保する必要があるのです。

長男一家に老後の面倒を見てもらうために、唯一の財産である自宅を贈与するケースはよくありますが、争続の原因になりかねないためおすすめしません。

争続を避けるためにも、遺留分を弁償できる額の資金を用意しておくか、もしくは事前に次男と話し合いをして、遺留分を放棄してもらうしか確実な解決法はありません。

争続を未然に防ぐ！　遺言書のルール

これまで、争続対策としての遺言書作成について何度もお話ししてしましたが、遺言書とは一体、どのようなものかご存じでしょうか？

遺言書とは、文字通り「被相続人の遺言を書面にしたもの」で、**誰にどれだけの財産を相続させるかを法定相続人に伝えるための書類**です。

遺言書の内容は、法定相続分に優先します。遺言書がない場合は、法定相続人全員が話し合い、相続財産の取り分をそれぞれが決めることになります。

このように、相続分をどのように分けるかについての話し合いを遺産分割協議といいます。協議では、法定相続分通りに相続財産が配分されなくても法定相続人同士の合意が得られればよいとされています。これを協議分割と言います。

ちなみに、遺産分割協議は相続税の申告期限である相続発生から10カ月後までに行い、遺産分割協議書を作成する必要があります。遺産分割協議書は、いわば「**第二の遺言書**」と呼べるもので、財産分割の内容と相続人を決定して書面にしたものです。遺産分割協議で同意が得られなければ、家庭裁判所の調停や審判によって相続財産が分割されることになります。

法定相続人には、相続財産についてそれぞれの思いがありますから、相続財産を相続人同士だけで分けるのがどれほど困難かは、容易に想像がつくと思います。特に、「相続貧乏」の引き金になりやすい地価の高い都心や都市部の自宅を争続の起きないように分配するためにも、遺言書の効果は非常に高いといえます。

また、これまで見てきた事例のように、法定相続人同士の不満を払拭するためにも遺言書は有効です。「相続財産の分け方に不満があった」ために揉めるケースが本当に多いのです。

家庭裁判所で行われた遺産分割調停のうち、**相続財産が５０００万円以下の案件が全体の約75%**を占めているという裁判所のデータもあります。相続財産の大小ではなく、相続人同士の「不公平感」がこの争いのデータに反映されているということでしょう。だからこそ、被相続人である親がきちんと遺言書を書いて、相続財産の分配方法を書面で残してあげることが何より大切なのです。

それ以外にも、遺言書にはさまざまなメリットがあります。

そのひとつに、**「法定相続人以外にも相続財産を分けることができる」**

という点があります。たとえば、親の介護による長男の嫁の貢献を相続財産に反映させたいというとき、そのことを遺言書に書いておけばそのように反映できるのです。

遺言書の種類は3種類

遺言書には、次の３つの種類があります。

①自筆証書遺言
②公正証書遺言
③秘密証書遺言

このうち、自分の手で書く遺言書が①「自筆証書遺言」です。

一方、公証役場などで作成する遺言書が②「公正証書遺言」と呼ばれるもので、専門家が代筆する遺言書です。

自筆証書遺言
自分の手で書く遺言書。

公正証書遺言
公証役場などで作成する遺言書。

秘密証書遺言
遺言内容を他人に見せずに自分だけの秘密にしておく遺言書。

③はその名の通り、遺言内容を自分だけの秘密にしておく「秘密証書遺言」です。
それぞれ説明していきましょう。

①自筆証書遺言

文字通り、自分で書いた遺言書のことです。自筆証書遺言では、**遺言書の全文と日付、氏名をすべて自分の手で書き、押印する**必要があります。パソコンやワープロで作成したもの、代筆、録画・録音によるものは認められません。

また、日付の記載のないものも認められません。日付は西暦、和暦どちらでもよいのですが、「○年○月○日」と記載する必要があります。

氏名については正確に書くこと。ペンネームなどの通称名や雅号などは使用しないほうがよいでしょう。

押印は必ずしも実印である必要はありませんが、万全を期すためにも実印を押し、印鑑証明書を同封すれば完璧です。

また、遺言書は**原則として１人につき１通**と決まっているので、数人で共同して遺言書を作成することは禁じられています。ですから、夫婦が連名で遺言書を作ることはできません。

全文を自分で書く必要があるため、市販されている**エンディングノート**など、**質問項目が書かれたものに遺言の内容を書くと、「全文を自分で書く」という要件を満たさない可能性がある**ので注意しましょう。

この遺言書のメリットは、封筒と便箋、ボールペンがあればいつでも手軽に書け、お金がかからないということ。そして、内容を法定相続人に秘密にできるということです。

「遺言書って有料・無料があるの？」と思われた方もいらっしゃると思います。公正証書遺言と秘密証書遺言の場合、専門家に遺言を書いてもらったり、遺言書の存在を証明してもらったりするので、有料になります。自筆であればお金はかかりません。

また、いつでも書けるということは、いつでも訂正できるということ

エンディングノート
自分の死後の希望を記入するノートのこと。葬式やお墓に関する希望欄だけでなく、自分史なども書くスペースがある。遺言書と異なり、法的拘束力はない。

です。ご存じない方も多いのですが、**遺言書は何度でも書き直しや修正ができます**。遺言書になぜ日付が必要かというと、一番新しい日付の遺言書が法的に効力を持つからなのです。ですから、遺言書を書いてから財産の増減などがあった場合は、新しく遺言書を書き直しましょう。とはいえ、**訂正方法を間違えるとその部分の遺言は無効になってしまう**ので注意が必要です。

訂正する部分に押印してどのように変更したのかを付記した後、付記した箇所にも署名が必要になります。訂正方法を間違ったために遺言を無効にしてしまうくらいであれば、多少面倒でも新しい遺言書を最初から書かれることをおすすめします。

法律上絶対必要というわけではないのですが、自筆証書遺言を作成したら、封筒に入れて「遺言書」と書いて封じ目に捺印し、**封印**しておきましょう。封印をすれば、遺言書を見つけても封を開けない限り、内容を知ることができません。

封印
綴じ目に印鑑を押して封をすること。

争続を避ける〝ひと言〟を「付言事項」に記載する

遺言書に書くことのできる内容は**「遺言事項」**といって法律で決められています。

具体的には、相続人に関することや相続財産の分け方、遺言を実行するための**遺言執行者**についてなどです。当然のことですが、法定相続人は遺言書によって、相続財産の分配結果だけを知ることになります。ここで問題になるのは、遺言で法定相続分とは異なる割合で相続財産を分けていた場合です。なぜそのように分けたのか、ということを法定相続人は知ることができないため、わだかまりが残りがちです。

たとえば、妻・長男・次男の3人が法定相続人で、自宅（3000万円）を妻と長男に継がせ、500万円の預貯金を次男に継がせるという遺言の場合、母親と兄のほうが法定相続分より相続財産が多いことを知った次男が不満に思うかもしれません。そこで、遺言書の**付言事項**に

遺言事項
認知、後見人の指定、後見監督人の指定、遺贈、遺贈減殺方法の指定、寄付行為、相続人の廃除及び廃除の取り消し、相続分の指定及び指定の委託、特別受益者の持ち戻し免除、遺産分割の方法の指定及び指定の委託、遺産分割の禁止、共同相続人間の担保責任の指定、遺言執行者の指定及び指定の委託、信託の設定。これ以外のことを定めた遺言は、その部分に限り法的根拠をもたない。

「分けた理由」を記載しておくのです。

たとえば、**「長男の家族は、私（被相続人）と妻と同居して、面倒をよく見てくれた。迷惑もたくさんかけたので、自宅は妻と長男に継がせたい。次男には少ないだろうが、預貯金を遺贈することにする。次男は長男が貢献してくれた点をよく理解してほしい」**とひと言書いておくのです。そうすれば、よほどの事情がないかぎり、次男は事情を理解するでしょう。

兄弟姉妹の間に感情のわだかまりを残すくらいなら、付言事項にきちんと分配理由を書く。そうすることで、余計な火種を残さずにすみます。

不備がないか、法律の専門家に相談する

自筆証書遺言は民法で書式が厳格に定められているため、相続発生時に書式の不備が問題になる場合があります。

そこで、自筆で遺言書を作成したら、弁護士や司法書士といった法律

遺言執行者
相続人の代表として、遺言書の内容を具体的に実現する人。遺言書の内容、趣旨に沿って、相続財産を管理し、名義変更など各種の手続を行う。ほとんどの場合必須ではないが、遺言に指定しておくとスムーズに相続が進みやすい。

付言事項
遺言事項以外のことを書いたもの。葬儀や散骨、献体の希望なども書くことが出来る。相続人に対する感謝の気持ちなどを表すのが一般的。

の専門家に一度目を通してもらうことをおすすめします。法的な有効性が確認できれば、無用な争いを避けることができます。身近に弁護士や司法書士がいない場合、日本司法支援センター（**法テラス**）などで紹介してもらうこともできます。

遺言書の保管についても注意が必要です。遺言が遺言書通りに執行されるためには、法定相続人が見つけやすい場所でなくてはいけません。かといってあまりにわかりやすいところでは、特定の法定相続人に不利な内容の場合に、捨てられたりする可能性もあります。そのような事態を避けるためにも、弁護士などに預けるか、銀行の貸金庫に保管しておくとよいでしょう。

自筆証書遺言は家庭裁判所で中身を確認する作業が必要

自筆証書遺言は、家庭裁判所で「**検認**」を受けなければいけません。

法テラス
「日本司法支援センター」の略称。2006年に設立された法務省所管の準独立行政法人で、法的トラブルにおける弁護士などの紹介や費用の立替、情報提供の窓口としての役割を担う。

検認
家庭裁判所で相続人立会いのもと、遺言書（自筆証書遺言および秘密証書遺言）の内容を確認する作業。相続人に対し遺言内容を知らせることによる遺言書の偽造防止が目的で、正当性の判断は含まれない。

このため、法定相続人には、遺言書の開封には裁判所の検認が必要なことを事前に伝えておいたほうがいいでしょう。検認の手続き方法は、裁判所のホームページ（www.courts.go.jp）に申し立ての事例と必要書類が書かれているので参考にしてみてください。

検認には2つの意味があります。

ひとつは、**法定相続人に対して遺言書の存在と内容を知らせる**ため。

もうひとつは、**遺言書の偽造や変造を防止するために、家庭裁判所が遺言書の形状や訂正などの状態・日付・署名など検認時点の遺言書の状態を保存する**ためです。

検認はあくまでも遺言書の形式的な確認手続きにすぎず、遺言書自体の有効性を判断するものではありませんが、検認を経て「検認証明書」を取得しないと、遺言書に基づく不動産登記ができないなどの不都合があります。

ちなみに**検認証明書の発行には家庭裁判所に検認申請してから2カ月**

封筒の記入例

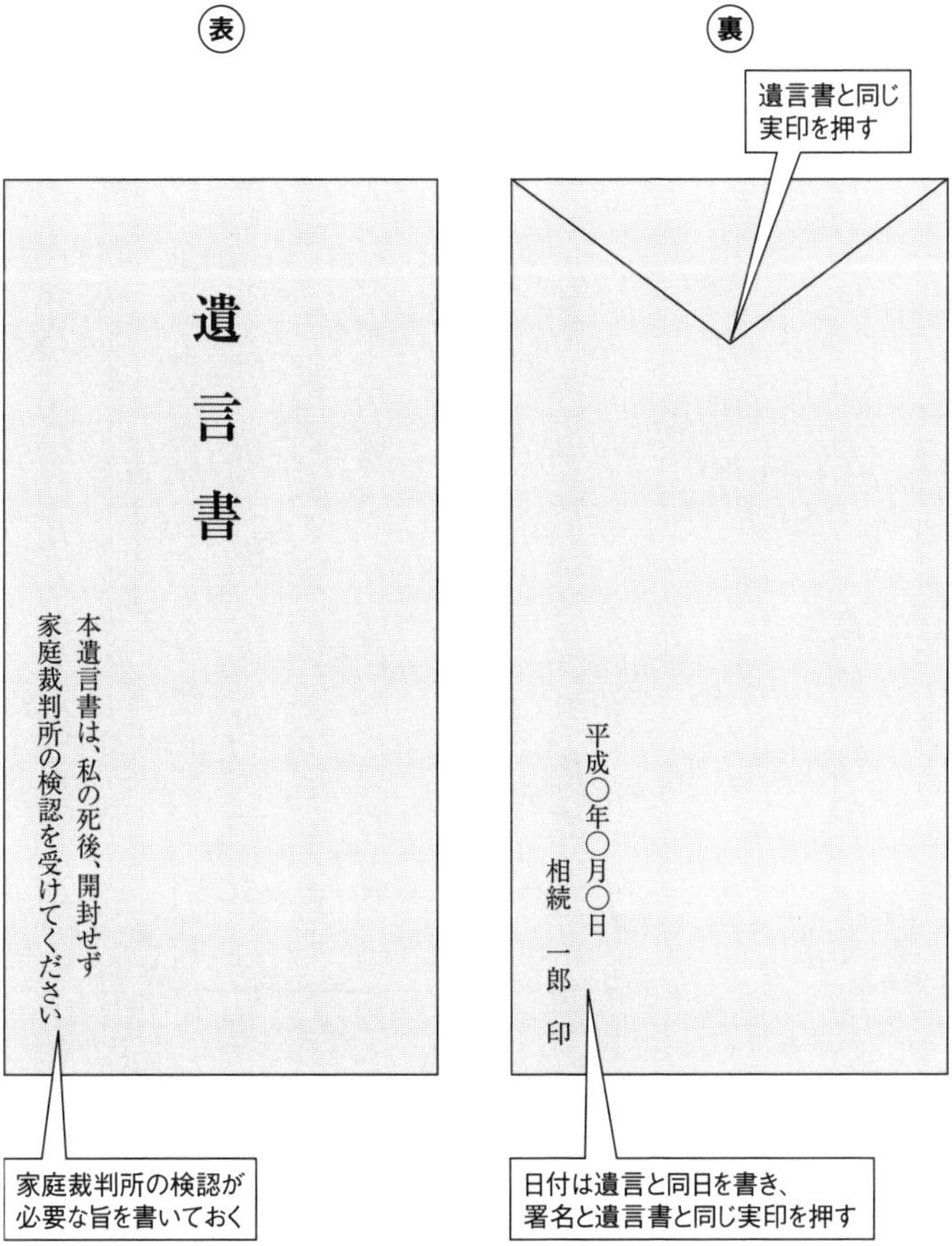
表
裏
遺言書
本遺言書は、私の死後、開封せず
家庭裁判所の検認を受けてください
家庭裁判所の検認が
必要な旨を書いておく
遺言書と同じ
実印を押す
平成○年○月○日
相続　一郎　印
日付は遺言と同日を書き、
署名と遺言書と同じ実印を押す

遺 言 書

遺言者　相続一郎は、次の通り遺言する。

1. 遺言者は　妻　相続良子（昭和○○年○月○日生）に以下の財産を相続させる。

土地

所在　東京都文京区○○町
地番　○○番○○号
地目　宅地
地積　200㎡

家屋

所在
家屋番号
種類
床面積

2. 遺言者は　長男　相続円（昭和○○年○月○日生）に以下の財産を相続させる。

○○銀行○○支店　相続一郎　名義の預金債権の全てを相続させる。

3. 遺言者は、本遺言に記載のない遺言者の有する財産の一切を 妻 良子に相続させる。

4. 遺言者は、本遺言者の執行人として弁護士○○（昭和○○年○月○日生まれ、東京都台東区○○町○○番在住）を指定する。

5. 付言事項
お母さんが生活に困らないよう、自分の土地、建物はお母さんに相続させる。子どもには現金を残しておいた。お父さんの気持ちを理解して、家族仲良く暮らすように。

平成○○年○月○日

東京都文京区○○町○○番○○号
遺言者　相続一郎

相続人の生年月日と相続させる財産を書く

土地、家屋は登記簿通りに記載

遺言の対象とならない財産が生じないよう一文を書いておく

遺言執行者の住所、氏名、生年月日を記載する

付言事項には遺言書の意図を書いておく

年月日は正確に。「吉日」では無効になるので注意。戸籍上の本名を書き、実印を押す

遺言書として認められない例

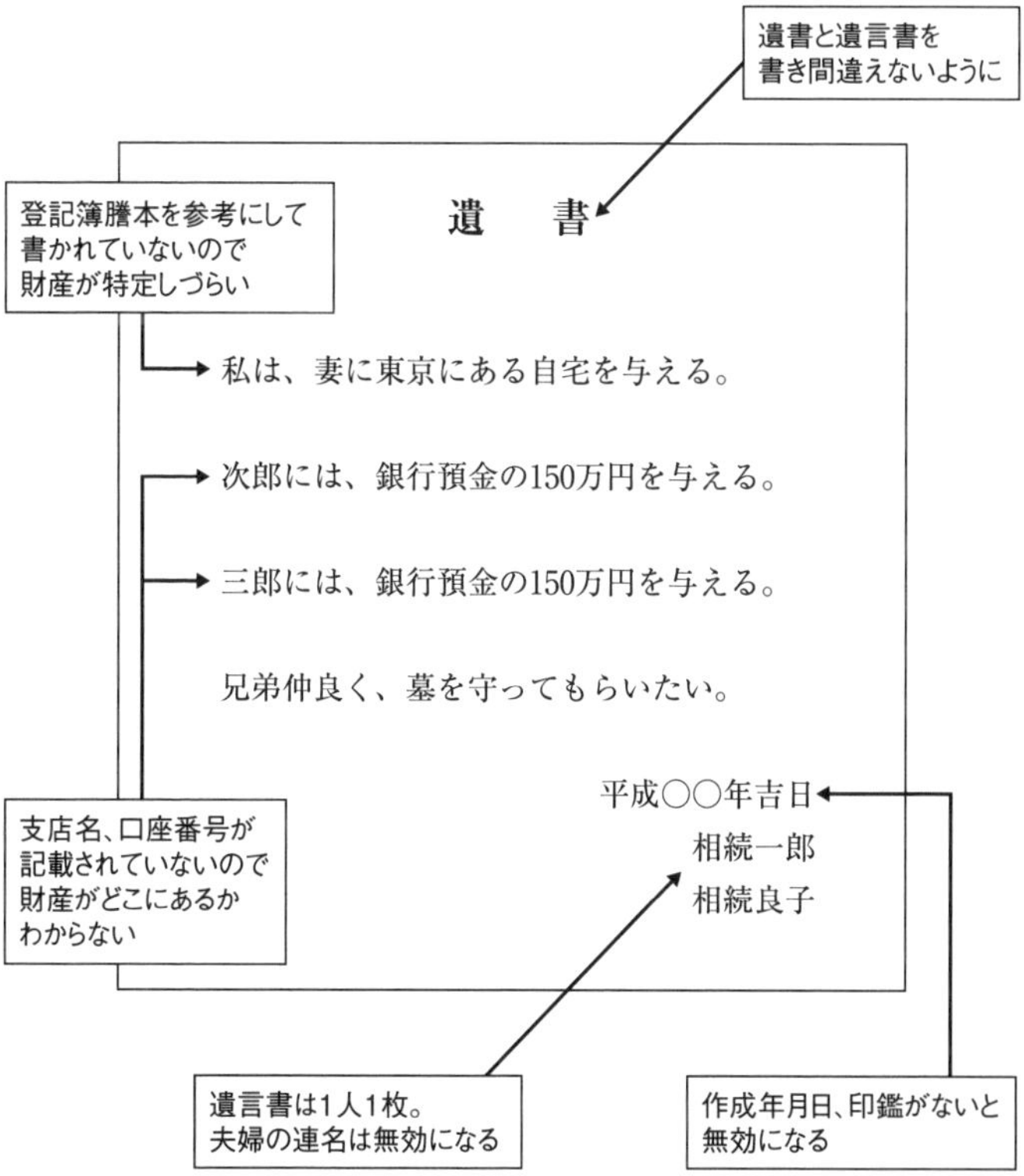
遺書と遺言書を
書き間違えないように
登記簿謄本を参考にして
書かれていないので
財産が特定しづらい
遺　書
私は、妻に東京にある自宅を与える。
次郎には、銀行預金の150万円を与える。
三郎には、銀行預金の150万円を与える。
兄弟仲良く、墓を守ってもらいたい。
平成○○年吉日
相続一郎
相続良子
支店名、口座番号が
記載されていないので
財産がどこにあるか
わからない
遺言書は1人1枚。
夫婦の連名は無効になる
作成年月日、印鑑がないと
無効になる

ほどかかるため、相続が発生してもすぐに遺言書通りに相続財産を分配できないというデメリットがあります。

遺言書が封印してある場合は、いくら法定相続人であっても、勝手に開けてはいけません。遺言書を利害関係者の法定相続人が見ることで、遺言内容の改ざんの恐れがあるからです。相続人または、その代理人が立ち会わない状態で開封した場合は、5万円以下の過料（罰金）に処されますし、勝手に開封することで遺言書が無効になる可能性もありますので注意が必要です。

安全確実なのは公正証書遺言

公正証書遺言とは、**「公証人」**と呼ばれる**専門家が作成する遺言書**のことです。

被相続人が全国の都道府県にある公証役場に出向いて、2名の証人とともに行う口述に基づき、公証人によって作成される遺言書です。被相

公証人
法務大臣が任命する公務員。全国各地の公証役場で公正証書の作成、定款や私文書の認証などを行う。

続人の体調が悪かったりして公証役場に出向くことが難しい場合は、別途お金はかかりますが、公証人を自宅や病院へ呼ぶこともできます。

原本は公証役場で保管されるため、紛失の恐れはありません。公証役場に行けば被相続人の遺言書があるかどうかがすぐにわかるので、**探すときも簡単**です。相続発生後は、全国の公証役場で被相続人の氏名などを入力することで、遺言書の検索ができます。さらには、自筆証書遺言のときに必要だった**家庭裁判所の検認手続きが不要**というのも大きなメリットです。

ただし、公正証書遺言を作成するには、手間とお金がかかります。まず必要書類ですが、**遺言作成者である被相続人の印鑑証明書と実印以外に、法定相続人の戸籍謄本、住民票などが含まれます**。遺言で法定相続人以外の人に相続財産を分配する場合は、当人の戸籍謄本や住民票などが必要になります。

相続財産に自宅（不動産）が含まれる場合、登記簿謄本と固定資産評

価証明書が別途必要になります。さらに「証人」として二名を用意することが必要になります。**未成年者や成年被後見人、相続人になる可能性がある人、相続人の配偶者や直系血族など、被相続人と深い関係がある人は証人にはなれません。**証人を見つけるのが難しい場合、公証人はもちろん、行政書士・司法書士・弁護士などに依頼することもできます。

公正証書遺言の手数料は、公証役場と公証人にそれぞれ支払う必要があります（公証人手数料と用紙代）。公証人の手数料は、被相続人の財産額や法定相続人の数によって変わります。

たとえば、妻に6000万円、長男に4000万円を相続させる場合、公証人手数料は、妻の分の手数料が4万3000円、長男の分は2万9000円で、合計7万2000円になります。なお、相続財産が総額1億円以下の場合は**「遺言加算」**といって、この手数料に1万1000円が加算されます。用紙代は4枚までは無料ですが、5枚目からは1枚当たり250円が加算されます。

遺言加算
相続遺産が1億円以下の場合に課される手数料のこと。

このように、公正証書遺言には手間やお金がかかりますが、遺言書の変造や偽造、紛失のおそれがなく、**相続の発生後すぐに遺言書通りに相続財産の分配を行える**というメリットがあります。

ただし、注意しなければならないのは、公的なものであっても、**自筆証書遺言など他の方式で作られた遺言よりも法的効力があるわけではない**という点です。そのため、公正証書遺言が作成された後に自筆証書遺言が作られていれば、新しい遺言のほうが優先されることになります。

遺言内容を秘密にしておける秘密証書遺言

公正証書遺言は安全確実ですが、一方で証人と公証人には遺言内容を知られてしまいます。「証人や公証人にも内容を知らせず、遺言書の所在だけを確実にしたい」という場合に活用されているのが秘密証書遺言です。

秘密証書遺言を作成する場合、遺言書の中身は自筆・代筆どちらでもかまいません。ただし、署名だけは自筆でなくてはいけません。秘密証書遺言を作成したら、必ず封をして公証役場に持っていき、二人以上の証人のもと、公証役場に提出します。

遺言書は封印されていますから、公証人と証人は遺言書の内容を見ることができませんが、遺言書があるということは公証人と証人が証明してくれます。**誰にも内容を知られずに遺言書の場所を確実にできる**という意味で、秘密証書遺言はメリットがあるといえます。

一方で、遺言書を開封するには自筆の場合と同じく家庭裁判所の検認手続きが必要ですし、**記載事項が間違っていると遺言が無効になってしまう**可能性もあります。もちろん公証役場で証明をしてもらうので手数料もかかります。

このようにして遺言書を作成することで、公平な相続財産の分配の基礎ができるはずです。

さて、次に考えるべきは節税です。

節税については次章で見ていくことにしましょう。

遺言書の3つの種類

	自筆証書遺言	公正証書遺言	秘密証書遺言
作成方法	本人が作成。代筆やワープロなどは不可	公証人が口述筆記	本人が作成するが、代筆やワープロも可
費用	不要	遺産額に応じた作成手数料が別途必要	遺産額に応じた作成手数料が別途必要
証人の必要	不要	2名以上	2名以上
封印の必要	不要（封印も可）	不要（封印も可）	必要
検認の必要	必要	不要	必要
保管方法	被相続人	公証役場で原本が保管され、本人が謄本を保管	被相続人
内容を知っている人	本人のみ	本人と証人	遺言があることは知られるが、内容は本人のみ

MEMO

第4章

相続金持ちになるための「節税」のルール

「贈与」を知って使いこなせば相続税知らず！

いままでお話ししたように、相続税を節税する王道は**課税対象になる被相続人の財産を減らす**ことです。

そのひとつに「贈与」という、親から子へ、つまり被相続人から法定相続人に財産を移転させることで税金を減らしていく方法があります。これは節税対策の定番といえます。生前に贈与しておくことで、相続時に発生しがちな争続を未然に防ぐことができるので、脱・争続法としてもおすすめです。

贈与をすれば相続税はかかりませんが、「贈与税」がかかります。**贈与税は払う方ではなく、受け取る方に税金がかかる仕組み**です。ちなみに贈与税の税率は、相続税よりも高く設定されています。

税制改正後の相続税と贈与税の最高税率は同じ55％ですが、相続税は6億円を超えると課税されるのに対し、贈与税の場合は4500万円で課税されてしまいます。特に3００万円を超える贈与では、20歳以上よ

贈与税の速算表（2015年1月1日以降）

20歳以上の子・孫が贈与を受けた場合

課税価格（基礎控除後）	税率	控除額
200万円以下	10%	なし
200万円超　400万円以下	15%	10万円
400万円超　600万円以下	20%	30万円
600万円超　1000万円以下	30%	90万円
1000万円超　1500万円以下	40%	190万円
1500万円超　3000万円以下	45%	265万円
3000万円超　4500万円以下	50%	415万円
4500万円超	55%	640万円

未成年者など20歳以上の子・孫以外の者が贈与を受けた場合

課税価格（基礎控除後）	税率	控除額
200万円以下	10%	なし
200万円超　300万円以下	15%	10万円
300万円超　400万円以下	20%	25万円
400万円超　600万円以下	30%	65万円
600万円超　1000万円以下	40%	125万円
1000万円超　1500万円以下	45%	175万円
1500万円超　3000万円以下	50%	250万円
3000万円超	55%	400万円

りも20歳未満の子や孫へ贈与するほうが税率が高くなります（20歳以上だと15%、20歳未満だと20%）。

このため、**贈与税の仕組みを知った上で正しく贈与を行わないと、相続税よりも支払う税金が高くなり、結果的に相続貧乏になってしまう**おそれがあります。そのためにも、まずは贈与の仕組みをよく理解しておきましょう。

贈与税の課税方法は2つ

とはいえ、贈与税は、1円でももらえば課税されてしまう残酷な制度ではありません。

まず、親子などの扶養義務者から生活費や教育費など必要に応じて受け取るもの、香典やお祝い、お見舞いなどをもらった場合は、極端に高額でないかぎり贈与税はかかりません。また、離婚の際の財産分与などにおいてもかかりません。

贈与税の制度は、大きく分けて２つあります。

「暦年課税制度」
「相続時精算課税制度」です。

何やら漢字だけ見ると難しそうですが、そんなことはありません。

暦年課税制度における課税額は、基礎控除額の１１０万円を超える金額に税率をかけて計算します。この制度は、被相続人が生きている間であれば、いつでも何度でも利用できます。しかもこの制度では、**法定相続人でなくても財産を受け取ることができます**。

年間に一人１１０万円まで贈与しても税金はかからないので、贈与回数と贈与人数を増やすことで、税金負担なく配偶者や子ども、孫などに被相続人の財産を移転できるというわけです。

たとえば、配偶者と子ども３人、子どもの配偶者３人、孫が３人の計

暦年課税制度
「その年の1月1日から12月31日までの1年間に、贈与でもらった相続財産について課税する」という制度。

相続時精算課税制度
贈与をする人ごとに累積で２５００万円までを非課税とする制度。

10人いた場合、10人×110万円で、1年間で1100万円を無税で贈与できます。これを10年繰り返せば、税金なしで子どもや孫の世代に1億円を超える相続財産をバトンタッチできるというわけです。

ただし、この課税制度で税負担ゼロで贈与するには時間が必要です。被相続人がまだ50~60代であれば、毎年少しずつ贈与することで、税負担なしに相続財産を若い世代へ移転できますが、もし70代以降であれば限られた時間のなかで贈与しなければいけなくなります。しかも、**相続前3年以内の贈与はないものとして判断される**ため、贈与した財産もすべて相続財産として課税対象となってしまいます。ですから、被相続人が高齢である場合、**一番の節税方法は「長生き」**してもらうことなのかもしれません。

なお、贈与していくべき財産の優先順位として、

（1）今後も収益を生む財産（賃貸住宅など）

（2）今、財産評価額が少ない財産（損失を計上した場合の自社株・出資持分など）
（3）相続税の財産評価の減額が受けられない資産（現金・預貯金）
（4）その他の財産（骨董品など）

という順で贈与していくと、高い節税効果が期待できます。

贈与として認められない場合もある

贈与は税金負担ゼロで後の世代に財産を移転できる便利な制度ですが、やり方によっては贈与として認められないケースもあるので注意が必要です。

まず、「贈与した財産を相続税の課税対象として扱われてしまう」ケースです。これは法定相続人に限ったことですが、**贈与期間があまり**

にも短いため、贈与として認められないというものです。

先ほどお話しした通り、相続開始前3年以内の生前贈与は相続税の課税対象になってしまいます。ですから、早く始めれば始めるほど得をします。

もうひとつは、**「そもそも贈与という関係があったのかどうか」**という問題です。

実は生前贈与とは、「お互いの合意のもと」に無償で財産を移転することを言います。つまり生前贈与が認められるためには、**あげる側（被相続人）ともらう側（法定相続人）の間で書面での合意が必要**なのです。一方的に親が子どもに対して贈与したつもりでいても、贈与として認められないので注意してください。

よくあるケースが**「名義預金」**といわれるもの。親が子どもの名義で預金口座をつくり、毎年、暦年課税制度の基礎控除分110万円以内で積立をしていたのに、贈与の成立要件である「互いの合意」が証明でき

名義預金
名義だけで、実施的な贈与を伴わない生前贈与のこと。相続開始後、相続財産とみなされるケースが多い。

贈与契約書の例

贈　与　契　約　書

　贈与者○○○○を甲、受贈者○○○○を乙として甲乙間において次の通り贈与契約を締結した。

(贈与の目的)

　第１条　甲は、甲の所有する下記記載の財産を乙に贈与し、乙はこれを受諾した。

　普通預金　○○銀行　○○支店　口座○○○○

　　　　金○○○○○円

　上記の通り契約が成立したので、本書面を２通作成し、甲乙各１通を所持するものとする。

平成○○年○○月○○日

(贈与者)　住　所

　　　　　氏　名　　　(甲)　印

(受贈者)　住　所

　　　　　氏　名　　　(乙)　印

なかったために、相続税が課税されてしまうというものです。ですから、暦年課税制度を利用する場合には、親子できちんと**「贈与契約書」**を作成しましょう。子どもの名義で口座をつくるだけでなく、通帳や印鑑も子どもが管理するようにして、**贈与の事実を残す**ことが必要です。

贈与を行ったことを税務署に明らかにするために、わざと110万円を1万円だけ超えた額の111万円の贈与を行い、毎年贈与税の申告をする方法もあります。111万円の贈与をして申告すれば、基礎控除を抜いた1万円の10％（1000円）を贈与税として納付することになります。税務署に確実に「贈与の証拠」を残したことになりますから、名義預金とされるリスクを大きく下げられるというわけです。

贈与契約書
生前贈与の約束ごとを書面にしたもの。

生命保険料を子どもに贈与する裏技

「贈与された現金で子どもが親の生命保険料を支払い、相続発生後に死亡保険金を受け取る」という、一見回りくどい節税方法もあります。

これは、子どもが契約者と受取人に、親が被保険者となって生命保険契約に加入する仕組みです。贈与したお金は生命保険料として払い込まれるので、**子どもが高額な贈与資金をムダ遣いせずにすむ方法**として最近注目されています。

なお、**保険金には相続税はかからないかわりに、所得税がかかる**ので注意が必要です。この方法を利用するのであれば、相続税が課税される「親が契約者・被保険者で、受取人が子ども」と所得税が課税される「子どもが契約者・受取人で、親が被保険者」の場合を比較して、所得税のほうが安くすむということを確認してから利用しましょう。

死亡保険金の所得区分は「一時所得」で、課税価格の出し方は次の計算式の通りです。

①一時所得金額＝受取保険金＋配当金－払込保険料総額－特別控除額50万

②課税対象金額＝一時所得金額×０・５

たとえば、死亡保険金の受取金額が１０００万円、払込保険料総額が３００万円の場合で計算してみましょう。

まず、一時所得金額は１０００万円－３００万円－特別控除額50万円で６５０万円になります。

次に課税対象額は、６５０万円×０・５＝３２５万円になります。一時所得は**総合課税**になるので、その年の他の所得と合算することで税率が決まり、所得税と住民税が計算できます。

総合課税
複数の所得をまとめて総合的に課税する所得税の課税方式のひとつ。利子所得、株式の配当所得、譲渡所得などはそれぞれの所得に課税する分離課税。

節税のために子どもではなく、孫に贈与する方法もある

暦年課税制度を利用して親から子へ贈与を行っても、子どもから孫へ相続する時に親の贈与財産が相続財産とみなされれば、結局相続税がか

かってしまいます。

そこで、子どもの代わりに、法定相続人ではない孫に贈与する方法があります。特に子どもも高齢の場合、後の相続を見越して贈与することで、子どもにも孫にも相続税ゼロで贈与を行うことができます。

また、**法定相続人ではない孫に贈与するため、贈与後３年以内に相続が発生しても、相続財産扱いにされてしまうことを避けることができます。**相続はいつ発生するかわかりませんから、孫への贈与は非常にメリットがあるといえます。

また、**２０１５年12月31日までの期間限定ですが、孫への教育資金という名目であれば、30歳未満の孫一人につき１５００万**

贈与は子どもにするよりも、孫にしたほうが相続税がかからない

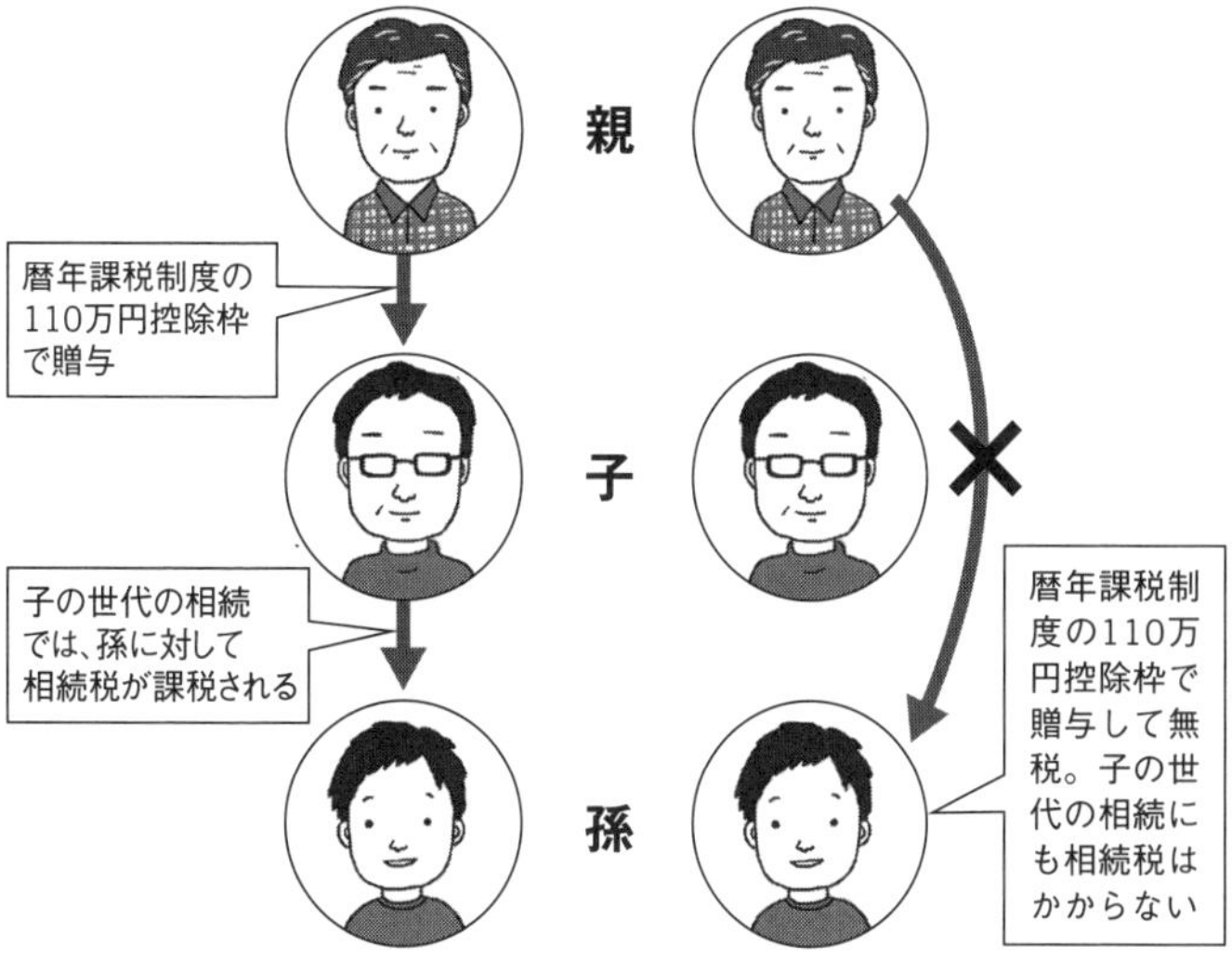
親
子
孫
暦年課税制度の110万円控除枠で贈与
子の世代の相続では、孫に対して相続税が課税される
暦年課税制度の110万円控除枠で贈与して無税。子の世代の相続にも相続税はかからない

**円（学校以外の塾や習い事は500万円）までは非課税とされていま
す。**そもそも、孫への仕送りといった「生活費」に関しては贈与税はかかりませんが、被相続人が亡くなってしまうと贈与ができないため、贈与するはずだった財産が「教育費」として相続財産としてみなされ、相続税がかかることになります。とはいえ、まとめて贈与すると、今度は贈与税の対象となってしまいます。そこにこの制度のメリットがあります。

ただし、この制度には一定の利用条件があります。被相続人から贈与されたお金は金融機関の口座に預け、入学金や授業料の支払いごとに資金を引き出し、引き出した資金が教育資金に使われたことを証明する領収証を金融機関に提出しなければいけません。

また、対象となるのは30歳未満の孫です。**孫が30歳になった時点で贈与されたお金が残っていれば、残った金額に対して贈与税がかかる**ことになっているので注意が必要です。

孫を養子にして節税する

贈与とは直接関係ありませんが、**「孫などを養子にして法定相続人とし、基礎控除額を増やす」**という節税法もあります。

特に、相続財産の評価額に対して法定相続人が１人などと、法定相続人の数が少ない場合に活用できる方法です。法定相続人１人に対する基礎控除額は６００万円ですから、数が多ければ多いほど節税できると考えがちですが、**被相続人に実子がいる場合は、法定相続人として計算できる養子は１人まで**と決められています（ただし法律上、養子は何人でも取ることができます）。**孫がいない場合は、子どもの配偶者**も養子にすることができます。

たとえば、被相続人の介護などに尽力した長男の嫁を養子にして法定相続人とすれば、争続を回避できるだけでなく、**節税面から見ても非常に有効**といえます。

法定相続人が増えることには、さまざまなメリットがあります。基礎控除額が増えることで相続税の税率も下がりますし、死亡保険金や死亡退職金の非課税枠である500万円を増やすことができます。

ただし、一方でデメリットもあるので注意が必要です。税務署から**節税を目的として孫を養子にしたとみなされた場合、養子を法定相続人の数に認めてくれな**い場合があるのです。ですから、節税とみなされないようにしておくことが重要になります。

たとえば、被相続人が死亡する直前に孫を養子にしてしまっては、誰が見ても節税目的になってしまいますよね。このようなことがないように、きちんと準備をしておくことが大切です。

もうひとつは、**「相続税の2割加算」**です。これは、血縁が濃い法定相続人と血縁の薄い法定相続人の間で同じ相続税を課すのは、不平等だという考えからできた制度です。

相続税の2割加算
孫が相続財産を相続すると相続税を1回免れることができることや、相続人でない人が相続財産を取得するのは偶然性が高く、相続税の負担の不平等が生じることから、負担調整のために各人の相続税額に20%を加算するもの。

なお、相続税の2割加算の対象となるのは、被相続人の一親等の血族及び配偶者以外の者とされています。一親等の血族とは、被相続人から見て、親または子を指します。血族には血のつながりのある親族以外に、養子縁組関係を結んだ養親・養子という法定血族も含まれることになります。

ただし、被相続人の直系卑属である者（孫）であって、その被相続人の養子となっている者は含まないこととされています。つまり、被相続人の孫を養子にした場合、相続税の加算の対象となります。ただし、すでに孫が代襲相続人になっている場合は、相続税の2割加算はありません。

相続税の2割加算は、次のような計算になります。

たとえば、相続税額が50万円であれば、50万円×20％で10万円が加算され、50万円（相続税）＋10万円（相続税2割加算額）で60万円になってしまうので注意が必要です。

また、法定相続人が増えることでもらえる相続財産が減ってしまうと考える相続人もいるため、孫や子どもの配偶者を養子にするには、相続人の間で話を詰めておくことが必要です。**話し合いなしで養子縁組の話を進めると、それ自体が争続の火種になってしまう**可能性大です。

「2500万円までの贈与は非課税」の制度とは

贈与をする人ごとに累積で2500万円までが非課税となる制度。この制度を**「相続時精算課税制度」**といいます。

暦年課税制度では、贈与を「受ける人」ごとに年間で110万円までの基礎控除がありました。相続時精算課税制度では、贈与を「する人」ごとに2500万円の特別控除があります。たとえば父親から2500万円、母親から2500万円、合計で5000万円の贈与を受けても贈与税はかからないということになります。

一見、素晴らしい制度に見えますが、**実際の節税効果はゼロ**です。なぜなら、贈与した財産については、相続時に残りの相続財産と合算して相続税として課税する制度になっているからです。

つまり、**この課税制度が効果を発揮するのは、相続財産が基礎控除を下回り、相続税を支払う必要がないと見込める場合**です。相続時に精算したとしても相続税が発生しないため、相続前に効果的に財産を次世代に移転させることができます。

なお、特別控除額の2500万円を超える部分については、20％の税率で贈与税がかかります。ただし、支払った贈与税は、相続時に相続税額から控除されることになります。つまり、この制度は**相続税の先送り**といえます。ですから、この制度を利用しても節税にはなりませんし、相続が起きればその贈与を含めてすべて精算されるので、通算すると同じ額の税金がかかります。

しかし、この制度は**使い方次第でメリットが多い**のも事実です。

まず、**将来価格が上がりそうな土地や株式を相続財産として所有して**

いる場合です。２０１４年5月現在、東京の都心部では地価が徐々に上がり始めています。ですから、相続財産が自宅しかない人は、相続時に現在の評価額よりも上がっている可能性があります。こうした時にこの制度を利用すると、**財産の評価額は贈与をした時の価額に固定されるため、贈与時の価額と相続時の価額の差額分だけ相続財産の評価を下げられる**というわけです。

たとえば、不動産の評価額が２５００万円の自宅があったとしましょう。10年後地価が上がって、この自宅の評価額が３０００万円になったとします。10年後に相続が発生すれば、５００万円分の評価額分に税率を掛けた額だけ節税できたということになるのです。

このように、値上がりしそうな相続財産であれば、この制度を利用して贈与するという方法も考えられますね。

次に、**相続時に相続財産の評価額が変わりそうな資産を持っている場合**です。

価額
土地や株式を評価した時価のこと。商品やモノなどの値段は価格という。

たとえば、賃貸アパートを相続財産で所有しているなど、**「時間の経過によって新しい財産を生み出す資産」**を持っている場合もこの制度を利用できます。賃貸物件を相続財産として所有していると、所有期間中に賃料収入が発生し、それが相続財産として課税対象になります。

賃貸物件をこの制度で贈与すれば**収益物件そのものだけではなく、贈与以降、将来に渡って生み出す財産も贈与した人の財産になる**ので、結果的に節税につながるというわけです。

たとえば、実勢価格が5000万円の土地に同じく実勢価格が5000万円の建物があり、その建物を贈与した場合のケースを考えてみましょう。

家賃手取り分　500万円×10年＝5000万円の相続財産減
建物の評価　5000万円×0・7＝3500万円の相続財産減

相続税1割なら850万円、5割なら4250万円の節税となりますが、贈与時に贈与税がかかります（2人で相続時精算課税の適用を受ければ贈与税はゼロにできます。1人で相続時精算課税贈与を受けた場合には200万円の贈与税が課税されます）。

そのほか、相続財産に相続税が課税されるおそれがない場合で、生前贈与を積極的に行いたい場合や、被相続人が元気なうちに生前贈与をして争続を避けたいという場合にも有効です。

また、預貯金がある場合は、自分の子どもの家の購入資金として贈与する場合にも活用できます。

デメリットもあるので注意が必要

ただし、この相続時精算課税制度には「弱点」もあります。

まず、**この制度の利用対象者は、贈与側が2015年1月1日以降に**

60歳以上（ただし、住宅購入資金の贈与の特例を受けた場合は問われない）であること、**贈与を受ける側は、２０１５年１月１日以降において20歳以上の子（養子・代襲相続人も含める）や孫であること**です。

また、この制度を利用するためには、**税務署の届け出が必要**です。贈与を受けた人が、**最初に贈与を受けた年の翌年の２月１日から３月15日までの間**に税務署長に対し、制度を選択する旨の届出書を贈与税の申告書に添付して届け出ます。

また、いったん相続時精算課税制度を選択して贈与をすれば、それ以降の贈与はすべてこの制度の規定で贈与税額を計算することになります。ですから**暦年課税制度の選択も、相続時精算課税制度の取り消しもできない**ということになります。

この制度を活用して不動産を贈与する場合、**登録免許税**や**不動産取得税**の取扱いについても、贈与に基づく税率が適用されます。相続のケースでは登録免許税が贈与の税率よりも低かったり、不動産取得税が非課税になったりするため、この制度のメリットをあまり感じられないかも

登録免許税
不動産を売ったり、贈与した場合には不動産の所有権が移転する。その際、登記簿に所有権の移転登記を行うことになるが、そこでかかる税金のこと。

不動産取得税
土地や家屋を購入したり、家屋を建築したりしたときなど不動産を取得したときにかかる税金。相続で取得した場合にはかからない。

しれませんので注意が必要です。

贈与税の配偶者控除

贈与を行う対象が配偶者の場合、居住用不動産に関係する相続財産については**贈与税の配偶者控除の特例**を使って節税できます。

ただし、この特例を活用するには、いくつかの条件があります。

まず、**婚姻期間が20年以上**の配偶者に限られます。そして、自宅などの居住用不動産そのものか、居住用不動産を取得するための金銭の贈与であること。自宅などの居住用不動産を贈与された場合は、**贈与された翌年の3月15日まで**にその自宅を居住用として活用する、もしくは贈与を受けた金銭で居住用不動産を取得し、その後も引き続き居住する見込みであることです。

この配偶者控除の特例は**一生に1回しかできない**とされています。そして控除額ですが、次のどちらかのうち少ない方の金額とされていま

贈与税の配偶者控除の特例
「配偶者の居住用の住まいは生活を営む上で重要で、税金面でも保護をする必要がある」ことなどから設けられた特例。贈与税が課される資産の課税価格から2000万円を差し引くもの。

す。

①２０００万円
②「贈与により取得した居住用不動産価額に相当する金額」か、「贈与で取得した金銭のうち居住用不動産の取得に充てられた金額」との合計額

仮に①を選んだ場合、暦年課税制度の基礎控除を加えることで、配偶者に対して２１１０万円まで非課税で贈与することが可能です。

マイホーム資金援助は最高１０００万円まで非課税

２０１４年12月31日までの期限つきですが、**祖父母や親から20歳以上の子や孫へのマイホームの資金援助については、最高１０００万円まで**

非課税という特例があります。

この制度は、暦年課税制度、相続時精算課税制度どちらを選んでいても活用できる便利な制度です。

この特例を利用して贈与を受けた場合、相続が発生しても、**相続財産に受け取った金額を加算する必要がない**というのも嬉しい点です。

非課税の限度額は、省エネ性や耐震性を備えた住宅の場合であれば1000万円まで（東日本大震災の被災者は1500万円まで）、それ以外であれば500万円まで（東日本大震災の被災者は1000万円まで）になります。

暦年課税制度を利用する場合はこの限度額にプラス110万円、相続時精算課税制度を利用する場合は、この限度額に2500万円を加算することができます。

たとえば、特例を相続時課税制度で利用すれば3500万円までの現金贈与を非課税で受けることができます。ちなみに3500万円を通常の暦年課税制度で受けた場合、1470万円もの贈与税がかかりますから、どれだけお得かが分かりますね。

なお、この特例を利用するには、次のような条件があります。

(1) 贈与を受ける人が20歳以上であること
(2) 贈与を受ける人が相続開始後、法定相続人になる予定であること
(3) 届出書を提出すること
(4) 家屋は50㎡以上であること
(5) 中古の場合、耐火建築物なら築25年以内、その他であれば築20年以内であること（耐震基準を満たしていれば築年数制限はなし）
(6) 増改築の場合、100万円以上の増改築費用を支出していること

これまでご紹介してきたように、相続税を減らすためには相続財産の圧縮が必要です。まずは贈与を使って、親の相続財産を子や孫に移転させることで節税を図ることが一番の得策と言えます。

次に考える必要があるのは、「不動産そのものの評価を下げる」ことによる節税です。

第５章ではそのことを中心に考えていきましょう。

第5章

相続金持ちになるための「不動産」のルール

土地を二つに分けると、なぜ節税になるのか

前章では贈与を中心に節税の方法を紹介してきましたが、この章では不動産を中心とした節税法を紹介していきたいと思います。

不動産の節税の基本は、**相続財産である不動産の評価額を下げる**ということです。不動産の評価額が下がれば税率も下がり、結果的に相続税の節税につながります。では、どうやって評価額を下げればいいのでしょうか。

それには、**「相続税の不動産評価額がどのように算出されているのか」**を理解する必要があります。

第2章でお話しした通り、不動産は「一物四価」といって、さまざまな価格が設定されています。不動産の評価額は、土地の価格と建物の価格を足したものが評価されます。

相続税（贈与税も同様）の評価額は、土地については**「路線価」**と呼

ばれるものから算出されます。

一般的な路線価の価格は都市部が高い傾向があり、都市部から離れれば離れるほど安くなっていきます。一般的に交通量の多い大通りや交差点に面している土地は高く、交通量の少ない通りに面している土地は安い傾向があります。

土地の評価額についての簡単な計算は、路線価×土地の面積で行えます。これを**「路線価方式」**といいます。市街地以外で道路が通っていない地域の土地は、**「倍率方式」**で計算します。

なお、固定資産税の評価額は、毎年6月ぐらいに市町村から届く固定資産税の通知に書かれています。固定資産税の通知をなくしてしまった方は、市区町村などで**「名寄帳《なよせちょう》」**を確認してみましょう。

なお、建物の評価額については一般的には固定資産税の評価額で評価します。土地の評価額と建物の評価額を足したもので、不動産の評価額となります。

路線価方式
市街地の土地の評価額を計算する時に用いる。

倍率方式
毎年支払う固定資産税の評価額に、一定の倍率をかけて計算する方式。市街地以外で道路が通っていない地域の土地の計算法。

名寄帳
その地域にある土地と家屋のすべての所有者をまとめた帳面のこと。土地と家屋の固定資産税評価額を調べることができる。

さて、ここで問題です。

AとB、2つ以上の道路に面している土地があった場合、どちらの路線価で土地の評価額が決められるのでしょうか？

答えは「Aの道路の路線価」です。細かい補正率の計算を別とすれば、常に高い方の路線価で計算することになります。土地が200㎡の場合は、土地の評価額は1億6000万円となります。

角地のような2つの道路に接している土地に関しても、高い方の路線価を使って計算をすることと決められています。

この土地の評価額を下げるためにはどうすればいいのかというと、**土地を2つに分けてしまえばいい**のです。**「分筆登記」**といって、ひとつの土地を登記簿上で分ける方法です。ひとつで登記されている土地を2つに分けて、それぞれの道路の路線価で計算をすることで、3000万円もの税金を減らすことができるのです。

分筆登記
登記簿上にある一個の土地を複数に分けて登記すること。登記された土地は、新たに地番が振られることになる。

2つの土地に分ければ、3000万円の節税に

高い路線価の道路を使って計算をする

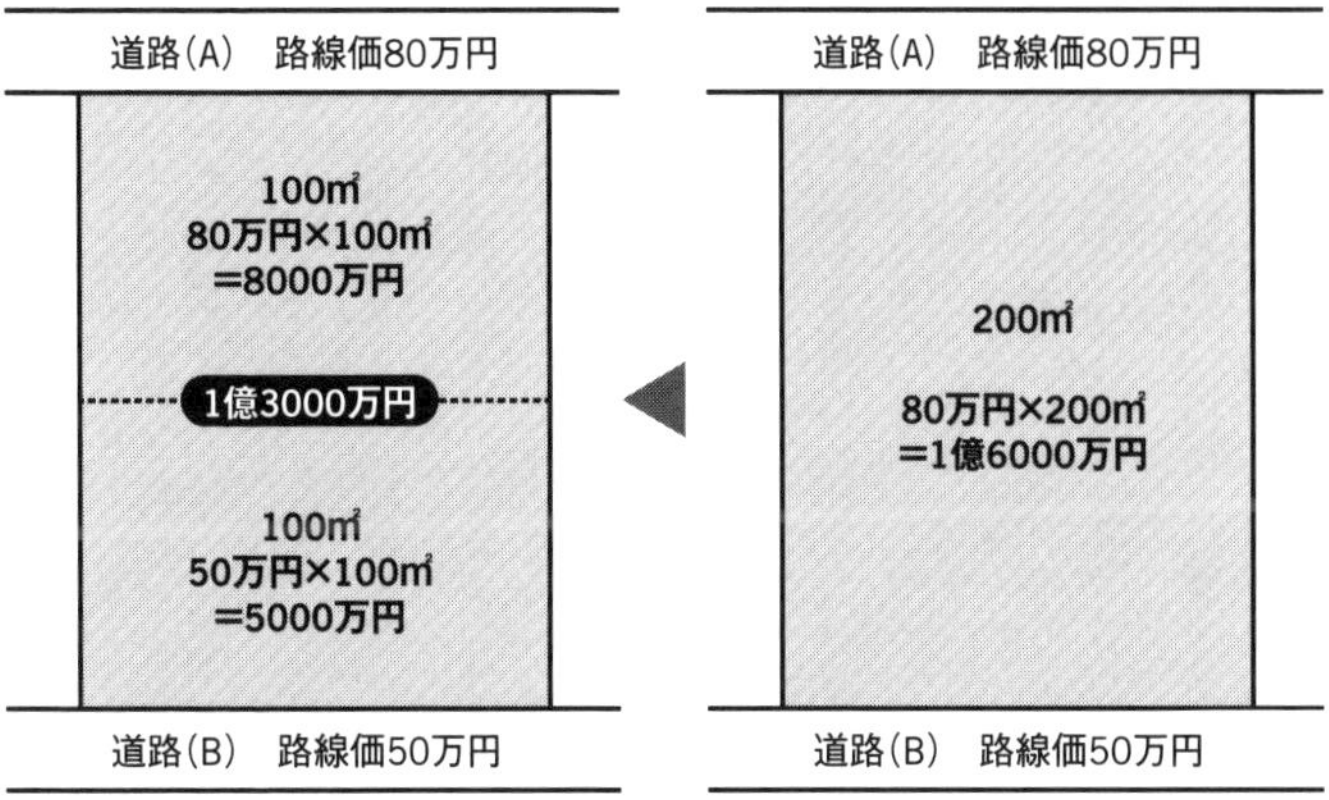

更地の場合

角地も2つに分けることで節税できる

角地も高い路線価の道路を使って計算する

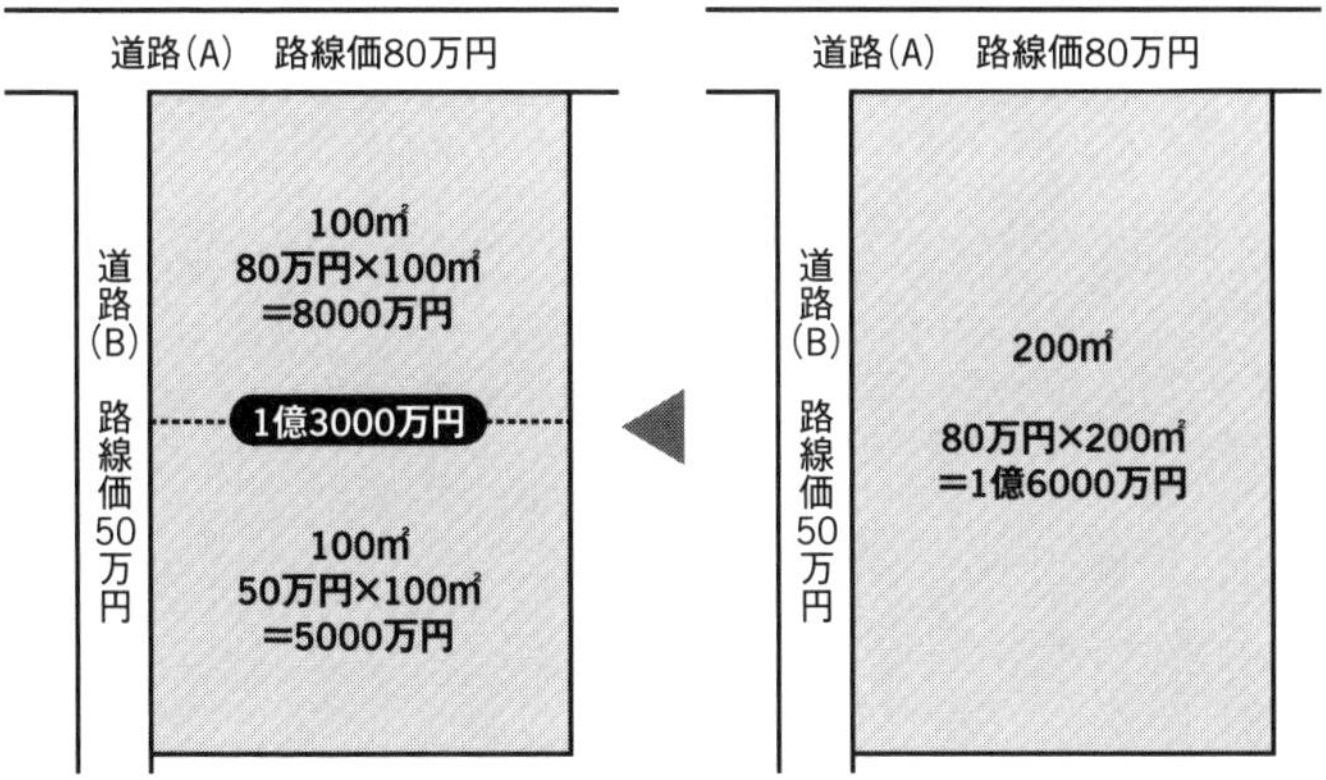

土地の形でも大きく評価が変わる

土地の評価額を計算するとき、基本的に路線価方式や倍率方式で計算された評価額がそのまま適用されることはありません。実際の土地は、間口（道路と土地が接している部分）が狭かったり、土地の形がいびつだったり、道路と接していなかったり、斜面（崖）が含まれていたりするからです。

たとえば、まるで旗竿のような形をした**旗竿地**。このような地形では、土地が道路に接していない場合や、道路に接していても建築法上認められた幅の間口が道路に接していない場合もあります。よくあるのが、間口が2m以下の場合。この土地の場合、新しく建物を建てることができません。

また、間口が道路に対して2m以上接していても、その道路の幅が4m未満の場合は、新たに建物を建てるために**セットバック**が必要になります。道路の中心線から2mの位置まで敷地を後退させるため、その分

旗竿地
旗竿のような形をした土地。周りを建物に囲まれており、日が当たりにくく、好まれない。そのため、土地の評価は低い。

セットバック
道路幅を4m以上に広げるために、建物を道路の境界線から後退させて建てること。

土地が減ってしまいます。

こういった土地は買い手を見つけるのが難しいので、評価を下げることができるのです。

宅地として適した四角形の土地と比較して、いびつな形の土地を**「不整形地」**といいます。

また平行四辺形のような土地の場合、四角形にするために不足している部分を**「かげ地」**といいます。

土地の一部が崖になっているような宅地は、その土地の崖部分に対する比率に応じて、評価減を行います。一般的に住宅地では敷地内に30度以上の崖があると、住宅としての使用は難しいとされており、この場合に評価減がなされます。この評価減を**「崖地補正」**といいます。崖地補正の程度は方角によっても異なります。たとえば、土地の北側が崖地になっているケースと土地の南側が崖地になっているケースでは、前者のほうがより多くの評価減を得ることができます。

不整形地
いびつな形の土地。

かげ地
四角形にするために不足している部分。一般的この割合が大きくなればなるほど土地の評価は下がる。この評価減を「不整形地補正」と呼び、最大で40%までの評価減が認められている。

崖地補正
敷地内に30度以上の崖がある場合に行われる評価減。

タワーマンションの最上階を買うと節税できる！

不動産特有のさまざまな価格差を利用した節税方法もあります。それが、タワーマンションの最上階を買うことで節税する方法です。

マンションの場合は専有面積が同じ間取りであれば、1階でも高層階でも相続税評価は同じです。なぜなら、**固定資産税は面積だけを基準に評価される**からです。ところが、**実勢価格**は異なります。1階と高層階、特に最上階では眺望などで大きな価格差が見られるはずです。

たとえば、あるタワーマンションで、北向きの5階の部屋80㎡の分譲価格が4500万円でも、最上階の南向きの部屋80㎡の分譲価格が9000万円ということがあります。実勢価格は倍以上違うのですが、建物の固定資産税評価額は同じです。専有面積が同じなので、土地の敷地持分も同じ。つまり、相続税の評価額は同じということになります。

仮にこのマンションの相続税評価額が4000万円だとすれば、最上

実勢価格
市場で実際に取引されている価格のこと。

階の南向きの部屋を購入することで、５０００万円も相続税評価額を圧縮することができるというわけです。

ちなみに、現金９０００万円をそのまま相続した場合、相続税の税率を30％とすると、相続税は２７００万円かかります。ところが、タワーマンションの最上階を買えば、先ほどお話しした通り、相続税評価額は半分以下の４０００万円。相続税率も20％にまで下がります。相続税は８００万円となり、半額以下にまで下がるのです。

このようにして、不動産の評価額を減らすことが、不動産という相続財産を節税するときの大きなポイントになります。

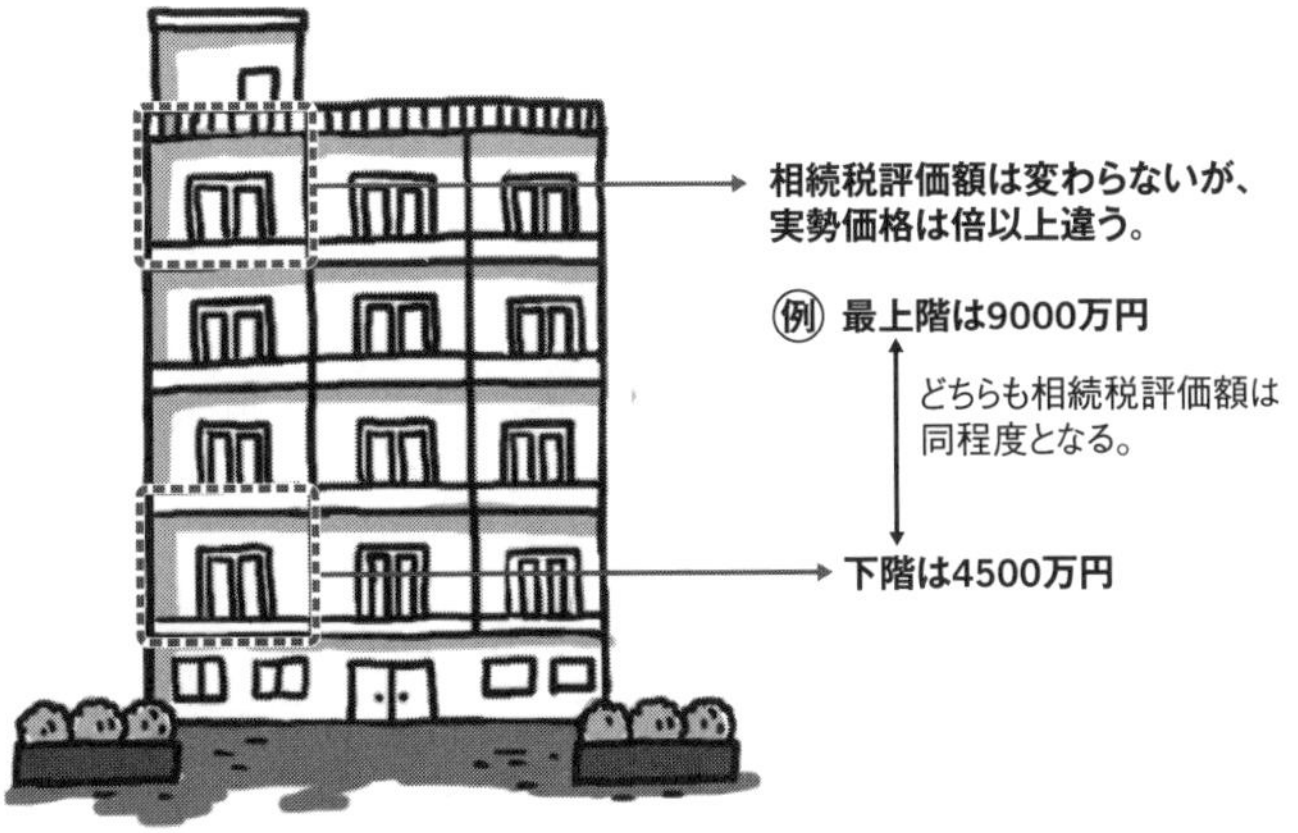
相続税評価額は変わらないが、
実勢価格は倍以上違う。
例 最上階は9000万円
どちらも相続税評価額は
同程度となる。
下階は4500万円

不動産節税の定番「小規模宅地等の特例」とは

本書の読者の多くは、相続財産が自宅と預貯金のみの方だと思います。自宅の相続税評価を減らすために活用していただきたい特例が、第1章でも概要をご紹介した、「**小規模宅地等についての相続税の課税価格の特例**」（以後、小規模宅地等の特例）」です。ここでは、もう少し詳しく見ていくことにしましょう。

小規模宅地等の特例とは、**「一定の条件を満たす宅地であれば、その評価額から大幅な減額を受けることができる」**というものです。ポイントは、特例が適用できるのは「宅地」だけという点です。「宅地」以外はこの特例を利用することができません。

利用できる土地は、次の2つです。

- 住居用マイホームの宅地などの居住用宅地
- 店舗や工場などの事業用宅地

小規模宅地等の特例②
自宅や店舗を相続した場合、一定面積の土地の評価額を減額する特例。たとえば、相続した自宅の土地が400㎡、評価額が1㎡あたり20万円の場合、土地の評価額は330㎡×20万円＝6600万円となる。この特例を使うことができれば、この土地の330㎡までは、80％の減額ができる。
土地の減額分（330㎡×20万円×80％）＝5280万円
この減額分を土地の評価額6600万円から引く。つまり、6600－5280＝1320万円が土地の評価額になる。自宅を相続するための節税対策の要。

砂利が敷いてあるだけで、雑草も生え放題の青空駐車場の場合、宅地ではないとみなされ、特例を利用することはできません。ただし、青空駐車場でも、コンクリートやアスファルトが敷いてあって、フェンスや塀で囲われたりしてきちんと整備されていれば、貸付事業を行っているとみなされ、減額を受けられる可能性があります。

この特例を使えば、**土地の評価を最大で8割も下げることができます**。ただし、8割下げられる上限の面積が決まっているということと、特例の適用にはいくつかの条件があることに注意してください。

小規模宅地の特例

1億円の土地の場合330㎡以内の場合は、次のようになる

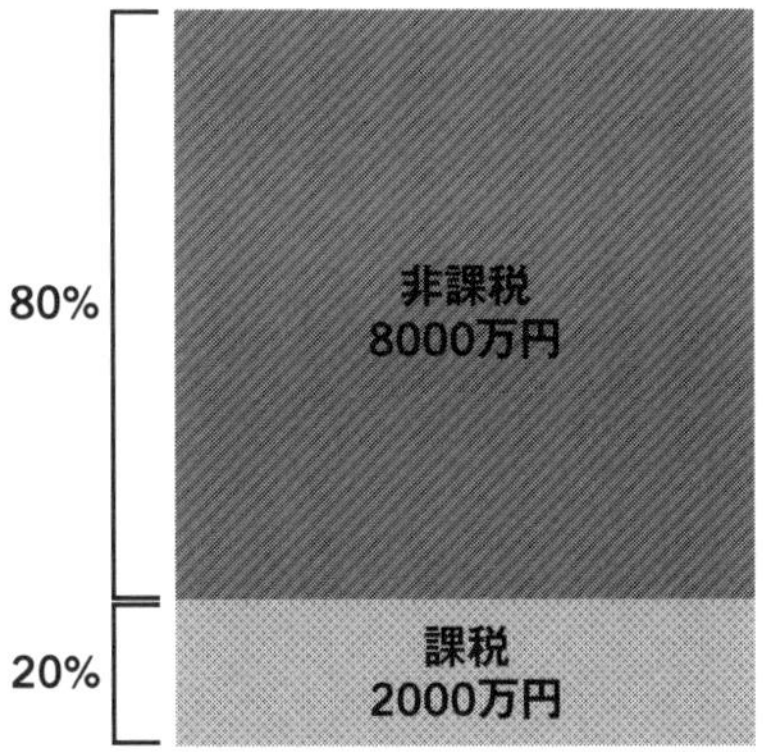

減額される土地の面積の上限は330㎡だが、金額の制限がないため、
地方よりも都心で使った方が節税効果は高くなる

まず上限面積ですが、特定居住用の宅地、つまり自宅の場合は上限面積が２０１５年1月1日以降は３３０㎡（２０１４年12月31日までは２４０㎡）まで増えることになります。特定事業用の宅地、つまり店舗などの場合は、従来と変わらず４００㎡です。

店舗兼住居などの場合、従来では居住用宅地と事業用宅地の特例についての併用は、限定的にしか認められていませんでした。ところが、２０１５年1月以降は併用が認められることになりました。

たとえば、店舗部分が４００㎡、自宅部分が２４０㎡の物件があるとします。特例を活用したいと思ったら、店舗か自宅かのどちらかを選ばないといけません。当然、敷地面積が多い方を選びますから、店舗しか特例は利用できませんでしたが、２０１５年1月以降は店舗も自宅も上限面積まで適用できるというわけです。

ただし、賃貸アパートやマンションなどの貸付事業を行う宅地は、限度面積は２００㎡。減額割合も50％で従来通りとなります。

特例の適用条件ですが、特例を受けられるケースは次の通りです。

①相続人の配偶者が相続するケース

この場合は被相続人との同居・別居に関係なく、適用できます。

②被相続人と同居の法定相続人（子どもなど）が相続するケース

この場合は「相続税の申告期限まで法定相続人が居住し、さらに所有している」ことが特例を適用する条件になります。

③被相続人に配偶者や同居していた法定相続人がおらず、自宅を持たない相続人（家なき子）が取得するケース

この場合は、次の３つが条件になります。

- 被相続人に配偶者または同居していた法定相続人がいない
- その敷地を相続する相続人が、本人または本人の配偶者の所有する家屋に相続開始以前３年以内に居住したことがない
- 相続税の申告期限まで所有している

単身世帯が中心の現在、親と同居している子どもは少なくなってきています。このため、多くの法定相続人が、相続が発生してから親の自宅を取得するというケースが増えてきました。このときに、**法定相続人が「家なき子」の条件に当てはまるかどうか**が、特例の適用の可否に関わってきます。

2014年1月以降の改正では、二世帯住宅での居住や親が老人ホームに入居した場合などに特例適用が緩和されることになりました。たとえば、改正以前は二世帯住宅でも建物の内部で自由に行き来できない場合、同居としてみなされないとされていましたが、改正後はそうした条件がなくなりました。

一方、親が老人ホームに入居した場合、老人ホームの終身利用権を取得した場合は特例の適用が見送られましたが、**改正後は自宅を他人に貸し付けていない限り、特例が適用されるようになりました。**そのため、二世帯住宅や老人ホームを利用している人たちも特例を利用しやすくなりました。ですから、自宅の節税を考えれば、まずはこの特例が使えるかどうかを判断することが重要です。

なお、具体的な特例の計算方法ですが、限度面積分に減額割合をかけて算出します。

自宅のような特定の居住用の宅地の場合、土地の8割の評価減とするというものです。たとえば、200㎡の自宅の敷地と、路線価は1㎡当たり50万円の場合。評価額は200㎡×50万円＝1億円になります。

特定の居住用の宅地の場合、限度面積は330㎡までは、80％減額できますから、土地の減額分は次のようになります。

土地の減額分（200㎡×50万円×80％）＝8000万円

土地の減額分8000万円を自宅の評価額1億円から差し引いた2000万円が相続税の課税価額になります。

生前に地価の高い場所へ引っ越して節税する

この特例は適用条件さえ満たせば、どんな土地であっても80％の減額ができるので、地価が高ければ高いほど、節税効果が高いということになります。

たとえば、東京の都心部で１㎡あたり１００万円の路線価の土地３３０㎡を所有していれば、３億３０００万円が課税価額となります。相続が発生して、特例を３３０㎡すべて活用することができれば、２億６４００万円もの評価減を行うことができます。

しかし、東京郊外に１㎡あたり10万円の路線価の土地３３００㎡を所有している場合、３３００㎡のうち３３０㎡しか特例が適用されないため、２６４０万円しか評価減ができないことになります。

つまり、**「１㎡の地価が高い３３０㎡以下の広さの土地」**に引っ越すことができれば、特例の恩恵を最大限に得ることができるのです。

広い土地を相続した場合に評価を下げられる「広大地評価」

ちなみに、広い土地を相続した場合、その広い土地を宅地として簡単に売却することができないことから、**「広大地」に該当すれば、土地の評価額を半分に下げることができます。**なぜ評価が下げられるのかというと、宅地として売却するためには、宅地を通り抜けるための**開発道路**などを通して土地を細かく分ける必要があります。道路部分は、無価値として売却されますが、宅地の開発には約1年かかりますし、販売のためには宣伝も必要になります。**すべての土地が売れるわけではないので、実勢価格よりも安く買われることから評価減の対象として認めているのです。**

「広大地」に該当する土地にはいくつか条件があります。

第1に面積。**首都圏・中京圏・近畿圏の３大都市圏などでは５００㎡以上の土地、それ以外の地域では１０００㎡以上の土地**であることで

広大地
その土地があるエリアの宅地の面積に対して、著しく広い土地のこと。宅地として販売に適さないことから、土地の評価を下げることができる。

開発道路
宅地に分割したときに、宅地と宅地を結ぶ、住民の日常生活に必要な道路のこと。道路部分は土地の面積が狭くなるため、この部分を考慮して土地の評価額が下がる。

す。

第2に**開発道路の有無**。開発道路がない場合が広大地に該当する条件のひとつです。

第3に**周囲に大規模な工場やマンションが建っているかどうか**です。建っていればマンション適地となり、広大地に該当しません。しかし、低層の住居ばかりであれば、広大地に該当する可能性があります。

第4に**相続時に、ビルや大規模店舗などの敷地になっているかどうか**。低層住宅やアパートの敷地であれば、広大地の条件を備えていると言えます。

ただし「広大地評価」は適用条件を判断するのが難しいので、利用する際は税理士にきちんとアドバイスを受けることをおすすめします。

二世帯住宅や賃貸併用住宅で節税する

特例の適用条件では、親と別居して持ち家に住む子どもは含まれないとされています。つまり、**持ち家を持っている子どもには、親の自宅の大幅な評価減はできない**のです。そこで、将来の親との同居を見据えて二世帯住宅を建てる人が増えているといいます。

先ほどお話ししたように、改正以前は親との同居が特例の条件を満たすことが重要な問題で、二世帯住宅では、**「どこまでが同居としてみなされるか」**がポイントでした。以前は「二世帯住宅でも外階段や壁などの物理的な障壁がなく、自由に行き来できるものについては特例を認めるが、物理的な障壁があれば認めない」とされていましたが、２０１４年以降は、**「家屋内部で自由に行き来できるかどうかにかかわらず、同居しているものとみなす」**ことになったため、親と同居しなくても、二世帯住宅を建てることで大幅な土地の評価減を行うことができます。

一方、自宅を**「賃貸併用住宅」**に建て替える節税方法もあります。

賃貸併用住宅をつくることで、**「貸家建付地評価減」**と「小規模宅地の特例」を併用することができます。また、自宅の土地が広ければ、賃

賃貸併用住宅
その名の通り、賃貸用のアパート部分と住宅部分を併せ持つ建物のこと。

貸家建付地評価減
貸家の場合、自分の土地であっても、自由に利用することができたり、処分したりすることができないために、土地や建物を自宅より低めに評価することができる制度のこと。

貸併用住宅と二世帯住宅をつくるということも検討できます。

自宅を分割するときのベストな節税方法とは

第2章で、相続財産が自宅だけの場合は4つの分割方法があることをお話ししました。

①現物分割
②換価分割
③代償分割
④共有分割

多くの場合、②と③の分割方法が用いられます。
たとえば、相続財産である自宅の実勢価格が6000万円とします。
それを長男・次男・長女の3人で相続するケースを考えてみましょう。

法定相続分は1／3ずつになります。代償分割の方法を採用すれば、長男が不動産を取得し、次男と長女に対して2000万円ずつお金を支払います。換価分割の方法を採用すれば、不動産を売却後、長男、次男、長女が2000万円ずつ受け取ることになります。

遺産分割はそれでいいのですが、相続税はどのように支払うのが最もよいのでしょうか？　実は不動産を売却する・しないで分かれます。

・不動産を売却する予定がない場合　↓　代償分割がお得
・不動産を売却する予定がある場合　↓　換価分割がお得

不動産を売却する予定がない場合には、代償分割が有利です。これは、**不動産の相続税評価額が実勢価格を下回ることが多い**ためです。

相続税の評価額の基本となる路線価は、実勢価格（時価）110

に対して80ぐらいといわれています。仮に自宅の相続税評価額が4200万円だとしたら、1人当たりの相続税は160万円になります。6000万円をすべて現金で受け取ったとしたら、1人当たりの相続税は250万円です。要するに90万円分節税できるというわけです。

ただし、ひとつ注意点があります。**代償分割後すぐに売却して代償債務の支払いに充てるような場合には、換価分割とみなされる場合がある**ので注意が必要です。つまり、6000万円すべて現金で受け取った金額の相続税がかかるため、すぐに売却してはいけません。

「不動産を売却する予定がある場合」には、換価分割がお得です。

これは**「相続税額の取得費加算」**を相続人全員で利用できるためです。土地や建物を売却すれば、売却益に譲渡所得税や住民税がかかります。しかし、そもそも相続税を支払う目的や遺産分割の目的のために不動産を売却するのですから、所得税や住民税がかかってしまっては損した気分になりますよね。こうした問題を解消するための特例が、取得費

相続税額の取得費加算
相続した土地を3年10カ月以内に売却した場合、相続した土地について納めた相続税を土地の取得費に加算できる制度。

加算制度です。

賃貸不動産を購入して節税する

不動産の価格と評価の差を利用した節税法のひとつとして有名なものに、**「不動産投資で節税する」**方法があります。これは古くから地主さんが利用してきた節税方法で、最近流行のサラリーマン大家さんも相続税の節税方法として採用しています。

まず、地主さんが行う方法について見てみましょう。

次ページの図のようなカラクリになっています。

これは不動産の価値が下がってしまうわけではなく、**税金の計算上の評価だけが下がる**点がポイントです。副次的な効果として、家賃収入を得たり、遊休地の固定資産税が1／6に減少したりするので、地主さん

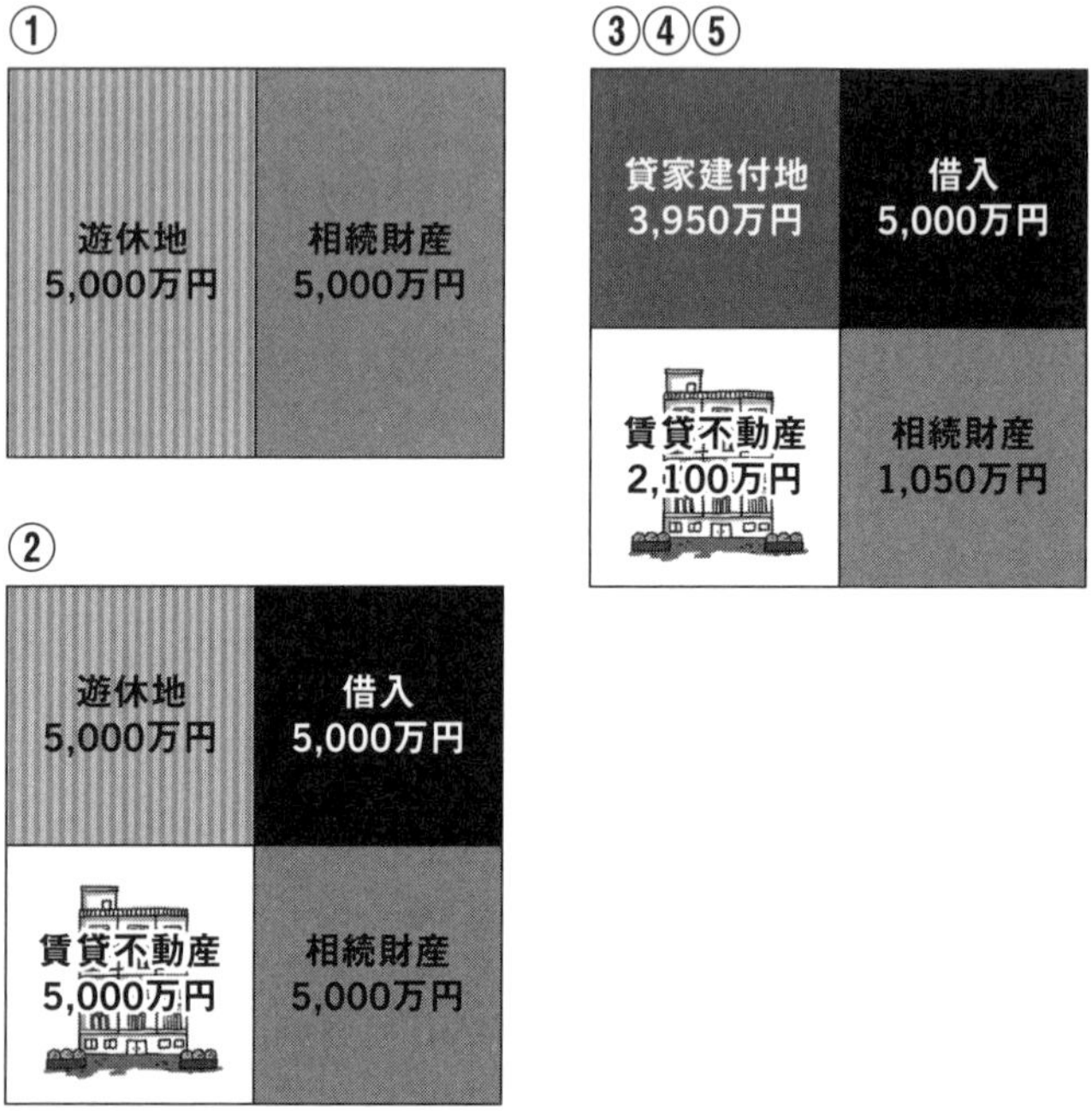

① 5000万円の評価の遊休地があったとする

② そこに借入5000万円で賃貸不動産を建築する

③ すると、遊休地は貸家建付地として評価が減額される
（たとえば、借地権割合70％の地域として70％×0.3＝21％減
5000万円×（1－0.21）＝3950万円）

④ 建物は、建築価格の6割ほどで評価される場合が多く、さらに
借家権割合として30％が控除される
（5000万円×60％×（1－0.3）＝2100万円）

⑤ ③、④の結果、相続財産評価額が1050万円に圧縮される

には1番人気の相続税の節税方法です。ハウスメーカーもこの相続税の節税効果を大々的に宣伝して営業しています。

この手法の**デメリットは相続税の節税効果だけに目を奪われて、賃貸経営で赤字を出す方がいる点**です。特に地主さんは賃貸経営に向いていない土地でも「先祖代々の土地を守らなければいけない」と、その土地で賃貸経営をしてしまいます。その結果、相続税の節税効果以上の損失を出してしまう場合がありますので、注意が必要です。

一方、最近流行のサラリーマン大家さんでも同じ手法を使うことができます。

不動産投資ブームでサラリーマン大家さんも容易に融資を受けて賃貸不動産を購入することができるようになりました。

この場合は、次ページの図のようになります。

借家権
建物に継続的に居住する権利のこと。賃貸物件を所有している場合、この割合が評価を左右する。

①

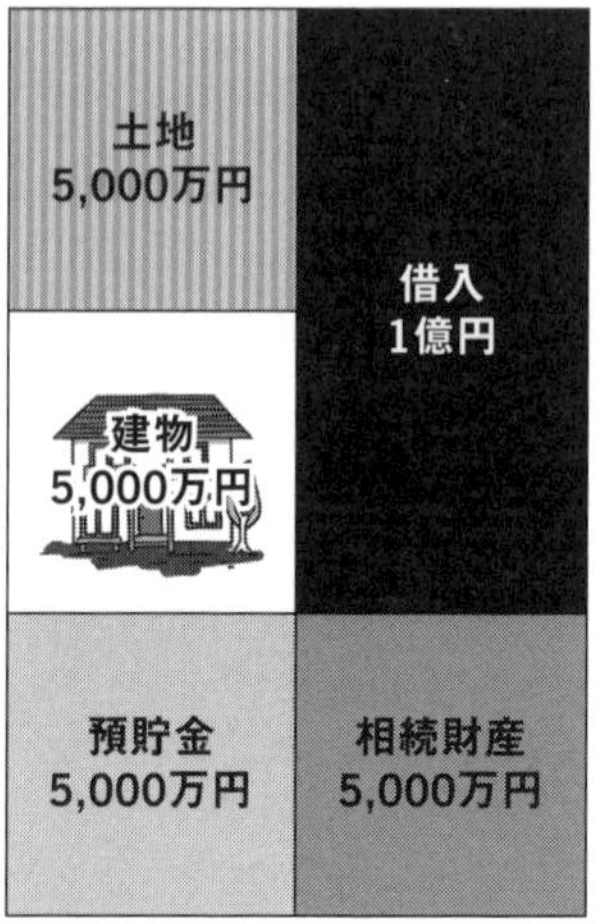

②③④

① 土地5000万円、建物5000万円の賃貸不動産を1億円の借り入れで購入する。他に預貯金は5000万円

② 土地は路線価として時価の80％程度、さらに貸家建付地として評価が減額される
（たとえば、借地権割合70％の地域として70％×0.3＝21％減
5000万円×0.8×（1－0.21）＝3160万円）

③ 建物は、建築価格の6割ほどで評価される場合が多く、さらに借家権割合として30％が控除される
（5000万円×60％×（1－0.3）＝2100万円）

④ ②、③の結果、相続財産評価額が260万円に減額される

このようにして、サラリーマン大家さんでも地主さんにひけをとらない節税効果を得ることができます。ですから、「相続税対策のために不動産投資を始めよう！」というセミナーが近年こぞって開催されるようになったのです。

さらに節税したいなら法人で所有する

先ほどお話しした賃貸不動産を購入して節税する手法をさらに発展させた方法として、次ページの図のように、法人を設立して賃貸不動産を購入する方法があります。

この方法は、中途で法人の出資を贈与してしまうので、贈与後の家賃収入が相続財産として溜まらないというメリットがあります。一方、不動産の購入から3年以内に相続が発生してしまうと、節税効果がないというデメリットもあります。

相続がいつ起きるかというのは分かりませんが、相続が近々に迫って

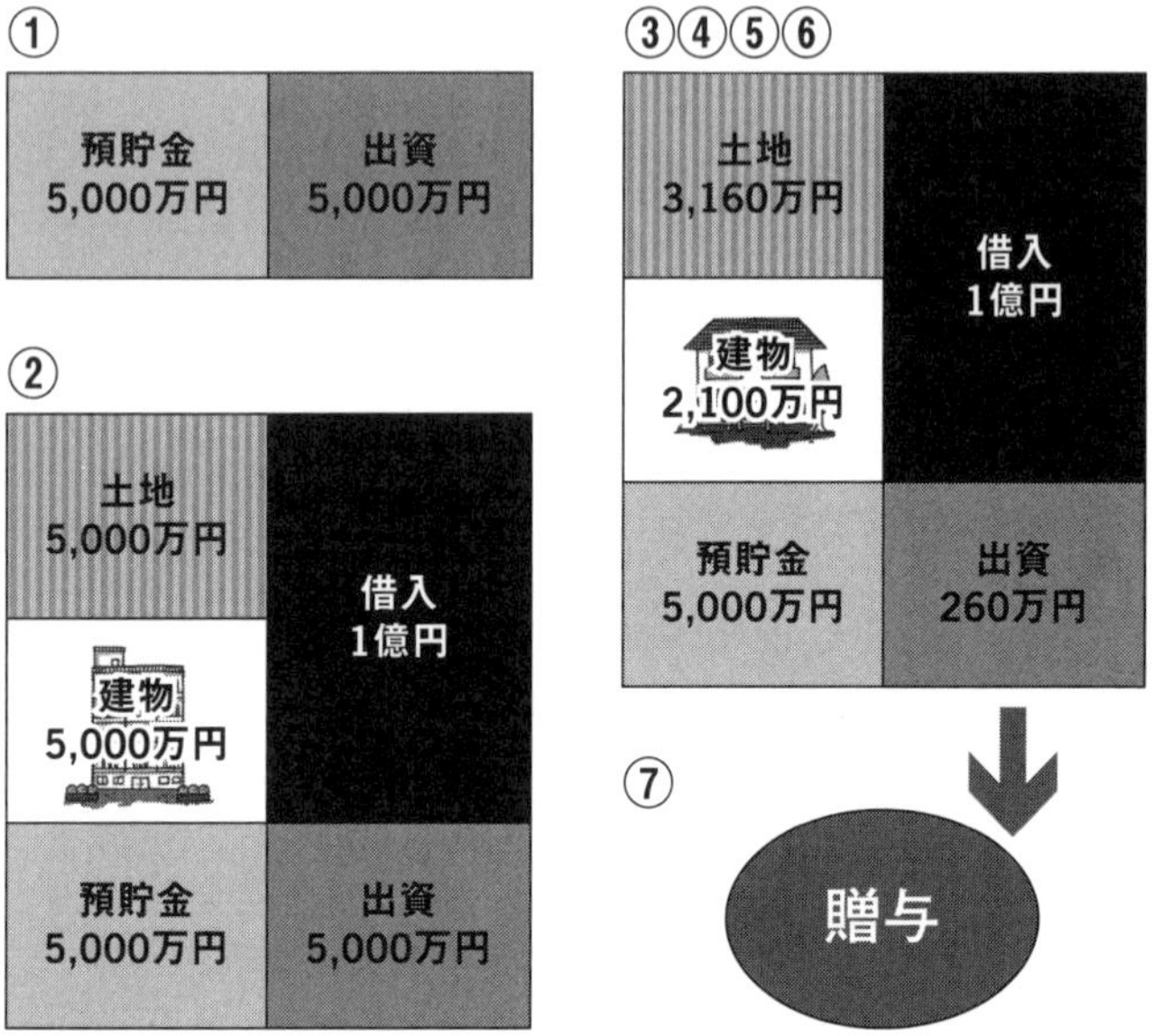

① 親世代に5000万円の出資をしてもらう

② 土地5000万円、建物5000万円の賃貸不動産を1億円の借り入れで購入する

③ 3年経過するのを待つ

④ 土地は路線価として時価の80％程度、さらに貸家建付地として評価が減額される
（たとえば、借地権割合70％の地域として70％×0.3＝21％減
5000万円×0.8×（1−0.21）＝3160万円）

⑤ 建物は、建築価格の6割ほどで評価される場合が多く、さらに借家権割合として30％が控除される
（5000万円×0.6×（1−0.3）＝2100万円）

⑥ ②、③の結果、相続財産評価額が260万円に減額される

⑦ 減額されたところで、出資を子世代に贈与する

いる場合には使えませんので注意しましょう。

過度の相続対策は逆効果

ただし、**とにかく節税できればいい、という理由で不動産投資をやることはおすすめしません。**遊休地や更地に賃貸物件を建てる方法は、相続財産の課税価額を圧縮するためのとても有効な方法です。まず賃貸住宅を建てることで、土地は**「貸家建付地」**として評価されるため土地の評価が下がります。しかも、実際にかかる建築費用よりも安く建物を評価でき、更地に比べて固定資産税や都市計画税などもさらに低く抑えられるだけでなく、家賃収入によって毎月の収入も増やせるため、納税資金も確保できます。

一方で、賃貸経営によるリスクもあります。**金融機関からの借り入れを行って経営を行う場合、入居者が埋まらず家賃収入が得られなければ**

貸家建付地
賃貸の目的とされている宅地のこと。すぐに売却できない土地と考えられるので土地の評価が低くなっている。

ば、節税できても返済ができなくなってしまう可能性があるのです。

たとえば、こんな事例です。

実勢価格で1億円の土地の節税を行うために、借入れを1億円行って賃貸アパートを建てました。不動産の評価額は半分以下になり、見事節税には成功したものの、立地条件などが悪すぎてなかなか入居者が入りません。利回りが悪いために、市場で売却する場合に土地建物を含めて1億円でしか売れないとなると、単に借金を抱えただけになってしまいます。これは値下がりリスクを考えていない典型的なケースです。信託銀行や大手建設会社などから、節税対策として賃貸住宅の取得をすすめられる機会は今後増えると思いますが、賃貸経営としてうまくいくのかどうか、きちんと見極めなければいけません。

不動産会社と組んでいる税理士のなかには、家賃収入のシミュレーション自体を非現実的な数値で計算しているケースもあるといいます。個人で開業している独立系の税理士に相談するなどして、よく調べることが必要です。

農地を相続する場合は相続税が猶予される

相続した財産のほとんどが農地の場合、大幅に納税額を圧縮することができます。これを**「農業相続人が農地等を相続した場合の納税猶予の特例」**といいます。

ただし、三大都市圏の特定市（東京圏・名古屋圏・大阪圏）でこの特例を利用するには、**「生産緑地」**の指定を受ける必要があります。

この特例のポイントは、**農業従事者から、農地を相続した人が継続して農業を続けるという前提で受けられる制度**です。具体的には、農地を納税猶予の時に使う評価額である**「農業投資価格」**で評価した部分のみに相続税をかけ、それを超えた分は相続税の納税を猶予するというものです。

猶予された相続税は相続人が亡くなると免除されますが、生前に農地

生産緑地
都市部の緑地を保存する目的でつくられた農地。1区画500㎡以上の土地であることや、農業を営むことが義務づけられており、指定されると自由な売買や、農業以外の目的での使用ができなくなる。

農業投資価格
農地として取引される価格のこと。実勢価格と比べ非常に安く設定されている。

を売却したり農業自体を辞めたりすると、猶予されていた相続税だけでなく利子税も合わせて納付しなければならないため、農地を売ることができない状態になってしまいます。

農業を続けない場合には、多額の相続税を負担するか、または物納により農地の一部を手放さなくてはいけません。これを回避するためには、**農地を宅地に転用し、共同住宅（賃貸住宅）を建てる**方法があります。この方法であれば、相続税の負担を軽くしながら宅地へ転用することが可能になります。

共同住宅
1棟に2世帯以上が共同で居住する構造の住宅。アパート、団地の類。

相続税の徴収猶予を受けた農地の宅地転用とは？

農地を相続した場合には相続税の猶予が受けられます。ただし、農業を20年以上継続しなければ農地の転用・処分はできません（三大都市圏の特定市の場合には、20年継続してもできません）。

これでは、せっかく農地を相続しても相続税を払わなくてすむだけで、農地の活用ができません。そこで、次の要件を満たせば宅地に転用しても継続して相続税の猶予を受けられることになっています。

（１）平成３年１月１日から同年12月31日までの間に、相続または遺贈により取得した農業相続人であること
（２）平成９年４月１日において、特定市街化区域農地等に該当する特例農地であること
（３）平成16年４月１日から平成19年３月31日までの間に、宅地に転用すること
（４）特例の対象となる転用につき、税務署長の承認を受けること

（４）の特例の対象となる転用とは、「市基盤整備公団などの公団住宅へ貸付ける転用」か、「農業相続人自ら不動産賃貸を行う転用」を指します。実質的には、自ら不動産賃貸を行う場合が多くなっています。

この方法であれば、農地の相続税を払わずに宅地に転用して高い収益

を得たり、次回の相続時に処分することもできます。**都市部で生産緑地などの農地活用を行う場合には、この方法をおすすめ**します。

自宅、貸家の「底地」を物納する

相続財産の多くが、自宅など現金による相続税の納付が困難な場合、相続税を物によって納付する「物納」が認められています。

物納とはその名の通り、**「現金の代わりに相続した財産そのもので納付する」**ということです。ただし、そのための条件は厳格です。

条件① 延納しても現金では支払えない
条件② 相続税の納付期限までに物納申請書を提出して許可を得る
条件③ 物納するものが「物納不適格」でないこと

また、物納する場合には、土地を「更地」にして物納しなければなら

物納不適格
たとえば、抵当権などが設定されている、隣地との境界が明らかでない、共有になっている土地、公道に面していない、売れる見込みがないなどがある。

延納	
相続税を分割して年払いする。延納している間は、1.2〜6%の利子税がかかる	
要件1	現金での一括納付が困難である
要件2	相続税額が10万円超
要件3	担保を提供する（例外あり）
相続税の納付期限までに延納申請書で許可を得る	

物納	
現金の代わりに相続した財産そのもので納付する	
要件1	延納しても現金で相続税が払えない
要件2	相続税の納付期限までに物納申請書で許可を得る
要件3	物納するものが物納不適格でないこと（売れる見込みがない、共有となっている、公道に面してない、抵当権などが設定されているなど）
※物納を申請しても延納に切り替えられるが、延納申請後に物納には切り替えられない	

ないので、相続財産が広大な自宅だけだったり、貸付用の共同住宅などである場合には「更地」とするのは困難な場合がほとんどです。

そこで、**土地の「底地」のみを物納する方法**があります。「底地」を物納すると国が「地主」となり、納税者が「借地人」となります。これによって納税者は国に「地代」を支払い、「固定資産税」を納付する必要はなくなります。また、相続税は「物納」によって納付されているため、利子税や延滞税を納付する必要もありません。

もちろん、将来的に資金に余裕ができれば、底地を国から買い戻すこともできます。物納できる更地がない場合にはぜひ活用したい制度です。

底地
借地権つきの土地の所有権のこと。更地のように土地所有者が自由に利用、転売できる完全所有権とは異なり、利用上の制約を受けることなどから、不完全所有権ともいわれる。

忘れてはいけない税務調査

節税対策をして、相続税の申告と納付を終え、相続に関するすべてが終わったと思っても、注意しなければならないポイントがあります。それが税務調査です。相続税の税務調査の時期は、**申告をしたその年から**

１年から３年の間に行われるのが一般的です。

国税庁の統計では、年間約５万人の相続税申告者中、税務調査の件数は年間約1万３０００件。つまり、**相続税を申告した人の４人のうち１人は税務調査が入っている**ということになります。かなりの確率で税務調査が入るという実態があるのです。しかも、税務調査が入れば、申告漏れが見つかる確率は８割から９割ともいわれています。

逆をいうと、それだけ初歩的な対処法ができていないからこそ、税務署から指摘を受けるということでもあります。税務調査に入られて、申告漏れで加算税を追加されてしまっては、せっかく節税をした意味がありません。くれぐれも申告漏れにならないように、もう一度、きちんとチェックをしておきましょう。

税務調査の対象となるケースは、おもに次のようなケースです。

税務調査
納税者の申告内容を税務署の役人が調査すること。国税局査察部（通称：マルサ）により、裁判所の令状を取って行われる強制調査と、調査官により納税者の同意のもと行われる任意調査という２つの方法がある。相続の税務調査は一般的に任意調査となる。任意調査の場合、調査の一週間前に納税者、もしくは担当税理士宛に事前通知がなされ、日程については変更することも可能。

・被相続人の過去の収入に対して申告されている相続財産が少ない
・被相続人から相続人への過去3年以内の生前贈与がある
・名義預金が疑われる
・妻が専業主婦なのに多額の預金がある
・被相続人が亡くなる直前に高額の現金を引き出した

税務署は、被相続人の過去の収入をほぼ把握しています。国税の電子申告制度が導入されてから10年が経ったいま、10年分の収入データを調べることが以前と比べ簡単になっていることが、それに拍車をかけています。

一方、高額所得者に対する把握もぬかりありません。

たとえば、年間で合計所得金額が2000万円以上の場合、**「財産及び債務の明細書」**を税務署に提出することが義務づけられています。一方で、2014年から5000万円以上の国外財産を所有している場合、**「国外財産調書」**の提出が必要になりました（永住居住者を除く）。

財産及び債務の明細書
年間所得が2000万円超の富裕層に対し、税務署が毎年発送する書類。確定申告時に提出しなかった場合、ペナルティはないが税務調査の対象となる可能性が高まる。

国外財産調書
「財産及び債務の明細書」と同様、富裕層に対して毎年税務署から発送される書類。翌年の3月15日までに提出しなかった場合、ペナルティとして過少申告加算税などが5％加算される。

つまり、相続財産を隠すことが制度的に難しくなっているのです。このため、過去の被相続人の収入が多いのに対して、申告している相続財産が少ない場合は税務署から指摘されることが多いのです。

また、よくあるのが**「贈与であると認識せずに、法定相続人側で贈与を発生させてしまう」**ケースです。

たとえば、夫が亡くなりそうだからといって、妻や子どもが父親の口座から、生活費の足しやお葬式代という名目で200~300万円の現金を下ろしてしまうケースです。妻や子どもは、必要経費だから大丈夫だろうと思って、口座から下ろしたことをすっかり忘れているのですが、税務署は通帳を見たり、金融機関に調査を入れたりして必ず現金の入出金を確認していますから、まず間違いなく申告漏れを指摘されてしまいます。

同じく、**名義預金も税務署に指摘されやすいので注意が必要**です。被相続人の妻が専業主婦なのに、妻名義で高額の預貯金がある場合は、ほぼ100％名義預金を疑われます。なぜなら、被相続人の収入だけでなく、相続人である妻の収入状況も税務署はほぼ把握しているからです。「名義が違うから申告しなくていい」と考えている配偶者の方は意外と多いのですが、実態が伴わなければ申告する必要があります。

ちなみに、過少申告で申告漏れを指摘され、相続人の「勘違い」で少ない相続財産を申告していたと税務署に認められた場合、10～15％の過少申告加算税に延滞税（14・6％）が加わります。しかしながら、相続税の場合は勘違いとして認められにくく、意図的な財産隠しということで30％～40％もの重加算税を課されることもあるため、注意が必要です。

たとえば、1億円の相続財産を相続して、それをすべて隠そうとして、税務調査で見つかり、申告漏れを指摘された場合を考えてみましょう。通常の相続税に加え、重加算税をプラスして最高で8360万円もの税金を支払わなければいけなくなるのです。あまりにもバカバカしいと思いませんか。

では、急な相続で緊急避難的に節税するためにはどうすればいいのでしょうか？　これまでお話ししてきた通り、相続財産を現金から評価の下げられる資産へと変えることをおすすめします。

賃貸不動産や子どもの自宅を購入したり、自宅の大規模なリフォームをするのもよいでしょう。株式などの値動きの激しい資産を購入する場合には、節税のメリットと値下がりのリスクをよく比較検討してください。

その他、将来購入予定のものは早めに買っておきましょう。現金ほど節税に不利な資産はないのですから。

MEMO

第６章

相続なんでもQ&A

最終章では、相続に関わる素朴な疑問や手続きについてのQ&Aをご紹介していきたいと思います。

相続においては「争いを避け、納税資金を確保し、節税する」という基本的な3ステップ以外にも、さまざまな手続きが発生します。そうした手続きやそれにまつわる知識などをこの章では紹介していきます。里帰りした時などに、親子でじっくり目を通してみてください。

Q

70代の両親はまだまだ元気ですが、万が一の時のために相続の準備をしておきたいと考えています。どのような準備をすれば、あわてずにすみますか？

A

エンディングノートのようなものを利用して、万が一のときに備えるようにしてもらいましょう。財産分けについては、きちんと遺言書に残してもらうことが一番です。

24・25ページにある相続フローチャートを見てもお分かりの通り、相続時の手続きや相続財産の分配方法が書かれた遺言書があるかないかでは、法定相続人の労力はまったく変わってきます。相続の手続きをスムーズに行うためには、まずは遺言書を用意してもらうことが大切です。

また、親が亡くなったのに伴い、失効する資格や名義変更などの手続きに関わる関連書類も準備していただくと、よりスムーズに相続手続きを行うことができます。

次項にリストをつくりましたので、親子でチェックしながら相続に関わる準備を進めていきましょう。

親がやっておくべきこと

□法定相続人は誰かを調べる
□法定相続分を理解する
□マイナスの財産、プラスの財産を調べて財産一覧表をつくる
□配偶者や子どもにどの財産をどれだけ継がせるのか検討する
□自筆・公正・秘密のうちどの遺言書を書くのかを決め、遺言書を書く
□預貯金を１～２の口座にまとめておく
□預金通帳や生命保険証書をわかりやすいところに保管する
□不要な不動産を現金化しておく
□隣家と境界が曖昧な土地の場合は測量（確定測量）を行っておく
□不動産を購入し、節税する
□都市部に引っ越して、小規模宅地等の特例の控除枠を増やす
□自宅をリフォームし、現金資産を減らす
□子どもが契約者、被保険者が親の生命保険に加入する
□孫や子どもへの贈与を行い、現金資産を減らす
□孫を養子にして控除枠を増やす
□お墓や仏壇を購入しておく
□税理士へ相続相談を行う

確認する
□ネット銀行があるなら、ＩＤとパスワードを聞いておく
□貸金庫があるなら、銀行名や支店名、開錠方法を聞いておく
□株式投資をしているなら、証券会社名、支店名、名義人、所有銘柄、株数、ネットトレードの場合はＩＤとパスワードなどを聞いておく
□国債、社債の銘柄名、口数、証券会社名を聞いておく
□書画骨董があるなら、保管場所や金額などを聞いておく
□ゴルフ会員権があるなら種類、住所、連絡先を聞いておく

子どもがやっておくべきこと

- □将来のことに備えて、相続の知識を増やす
- □相続について、親と話す機会を設ける
- □遺言書を書いておくことを親に提案する
- □遺言書について保管場所を確認する
- □親の生年月日、本籍地を確認する
- □勤務先の社名、連絡先
- □親戚の名前、連絡先
- □親の死を伝えたい人の名前、連絡先
- □要介護状態になったときの希望
- □終末期医療の希望
- □担当税理士の名前、連絡先
- □加入している生命保険について確認する（会社名、連絡先、受取人、保険証書の場所など）
- □借金があるのか確認する（借り先、金額、残高、返済方法、借用書、契約書の所在）
- □クレジットカードについて確認する（会社名とカードの保管場所）
- □クレジットカードのローン現状の残高について確認する
- □保証人になっているかどうかを確認する（保証人になっていたら、相手の名前、連絡先、契約書の所在を確認する）
- □他人に貸している債権について聞く（債権があるなら、相手の名前、金額、借用書の所在を聞いておく）
- □所有不動産の所在地や地図、登記簿上の名義人を確認する
- □預貯金の銀行名、支店名、名義人、口座番号などを

親が用意しておくべきもの

遺産分割に関わる名義変更で必要なもの

□遺言書
□財産一覧表
□印鑑（銀行届出印、実印）
□預金通帳、キャッシュカード、貸金庫のカギ、ネット銀行のログインＩＤ、パスワードなど
□戸籍謄本
□登記簿謄本および公図、測量図
□固定資産税課税証明書
□賃貸契約書（不動産を賃貸している場合）
□生命保険の保険証書
□ゴルフ会員証書など
□借用書または契約書

資格喪失（停止）、退会、解約に関わることで必要なもの

□健康保険証
□厚生年金保険証
□国民年金保険証
□パスポート
□運転免許証
□クレジットカード
□老人保健医療受給者証
□介護保険証

子どもが準備しておくべきもの

遺産分割に関わる名義変更で必要なもの

□戸籍謄本
□印鑑証明書

親が亡くなったらやるべき手続き

手続き	期　限	問い合わせ先	備　考
死亡届	7日以内	市町村役場	死亡診断書と一緒に提出
電気、ガス、水道など公共料金などの名義変更手続き	できるだけ早く	各契約会社	各会社に連絡して、手続きを行う
生命保険金の請求、名義変更	できるだけ早く	保険会社	保険証券を用意して保険会社に連絡。その後、保険会社から送付された書類に沿って手続きを行う
運転免許証	できるだけ早く	警察署	運転免許証を返却する
預貯金、株式などの名義変更	できるだけ早く	各金融機関	相続手続きの依頼書などで、手続きを行う
不動産の名義変更	できるだけ早く	法務局	司法書士に依頼して名義変更を行うのが一般的
準確定申告	4カ月以内	税務署	株式の譲渡所得など生前確定申告が必要な所得が合あった場合は、準確定申告書を提出する必要がある
年金・一時金等 の支給	受給の権利があるものにより異なる	市町村役場、社会保険事務所など	遺族年金や死亡一時金など受給の権利があるものについて請求をする
高額医療費の支給申請	2年以内	市町村役場、健康保険組合など	手術や先進医療などで高額医療費がかかった場合のみ。自己負担額を超えた部分について支給される
葬祭費請求	2年以内	市町村役場、健康保険組合など	国民健康保険の場合は、葬祭費、健康保険組合の場合は埋葬費が支給される

Q

「被相続人の預貯金口座は相続が始まると凍結されてしまう」と聞きましたが、凍結解除はどのようにすればよいでしょうか？

A

「相続手続き依頼書」に必要事項を記入し、必要書類を用意しましょう。

相続発生後、被相続人の預貯金口座は金融機関によって凍結されます。これによって、法定相続人は引き出しも預け入れもできなくなります。口座凍結を行うのは、被相続人の財産が「相続財産」となるためです。一部の法定相続人が勝手に引き出して、他の法定相続人の権利を侵害しないように凍結するのです。

口座凍結を解除するためには、金融機関から「相続手続き依頼書」を手に入れ、銀行預金の相続手続きを行わなければなりません。複数の銀行や支店に口座がある場合には、銀行、支店ごとに相続手続きの書類を提出しなければいけません。

相続手続きには、依頼書のほかに次のような書類が必要です。

①被相続人の出生から死亡までの連続した戸籍謄本
②法定相続人の戸籍謄本
③法定相続人全員の印鑑証明
④被相続人名義の通帳、証書、キャッシュカード、貸金庫のカギ

さらに、遺言書のある・なしで必要書類が変わってきます。

第1に「遺言書がない場合で相続人が1名」の場合は、前述した①〜④の書類と相続手続き依頼書があれば大丈夫です。相続人は一人ですから、遺産分割協議書は必要ありません。

第2に「遺言書がない場合で相続人が複数」の場合は、前述した①〜④の書類に加え、遺産分割協議書と相続手続き依頼書が必要になります。

第3に「遺言書がある場合」は、前述した①〜④に加え、遺言書と遺言執行者の印鑑証明、そして相続手続き依頼書が必要です。ただし、公正証書遺言以外の場合は、家庭裁判所で検認が終了したという証明書が必要になるので気をつけてください。

ゆうちょ銀行の場合、相続手続きは貯金事務センターとのやり取りになります。ゆうちょ銀行に相続確認書（相続手続きの依頼書）を提出すると、必要書類の案内が貯金事務センターから送付されます。被相続人の戸籍謄本や法定相続人の戸籍謄本、印鑑証明などの書類を送付すると、払戻金の請求書などが送られてくるので、ゆうちょ銀行に持参すれば、払戻金を受け取ることができます。

親が行う預貯金の事前対策としては、子どもの手続きを簡単にするために、自分の財産を１カ所の銀行にまとめておいたり、通帳やキャッシュカードの保管場所を伝えておくことが重要です。戸籍謄本も取っておきましょう。

子どもが行う預貯金の事前対策としては、通帳やキャッシュカードの保管場所を把握したり、戸籍謄本や印鑑証明をあらかじめ取っておくとよいでしょう。

Q

相続財産は不動産だけなのですが、名義を変更する相続登記には、どのような手続きが必要ですか？

A

必要書類を揃えて、自分で法務局で登記をするか、司法書士などに代理で登記申請してもらいましょう。

相続登記、つまり相続によって発生する不動産の名義変更にも多くの書類が必要です。登記申請書と申請に関わる添付書類が必要ですが、遺言書のある・なしで必要書類が異なるので気をつけましょう。

遺言書がある場合

被相続人が用意する書類

□住民票の除票または、戸籍の附表
□死亡事実を証明する戸籍謄本、除籍謄本
□遺言書（公正証書遺言以外は、検認済証明書が必要）
□固定資産税評価証明書

法定相続人が用意する書類

□被相続人との相続関係を証明する戸籍抄本
□本籍地の記載のある住民票

遺言書がない場合

被相続人が用意する書類

□出生から死亡までのわかる戸籍謄本、除籍謄本
□被相続人の住民票の除票

法定相続人が用意する書類

□相続人全員の戸籍謄本
□相続人全員の住民票
□遺産分割協議書（法定相続分通りの登記の場合不要）
□相続人全員の印鑑証明書（有効期限なし・法定相続分通りの登記の場合不要）
□司法書士の委任状（本人申請の場合は不要）
□固定資産税評価証明書

親が不動産の名義変更で行っておくべきことは、出生から現在までの戸籍謄本、遺言書を用意するということと、市町村役場で最新の固定資産税評価証明書を準備しておくことです。毎年４月１日以降に最新のものを取得することができます。

一方、子どもが行っておく事前対策は、戸籍謄本と住民票の取得です。

Q

実は私には愛人がおりまして……。私が亡くなって相続が発生した場合、彼女の権利はどうなりますか？

A

内縁関係にある愛人は法定相続人になれないため相続権がなく、財産分与もありませんが、遺言書を作ることで一定額を残すことができます。

内縁関係にある妻・夫は法律上、配偶者として扱われません。つまり、法定相続人になることができないので、相続権がありません。ですから、相続が発生すれば、被相続人の財産はすべて法定相続人に分配されてしまうことになります。ただし、**愛人の子どもを認知すれば、子どもは法定相続人になることができる**ので、相続権を持つことになります。

仮に被相続人に配偶者と子ども2人がいて、愛人に子どもが1人いた場合のケースを考えてみましょう。法定相続分は配偶者は2分の1、子どもは6分の1ずつなので、愛人の子どもの法定相続分は、6分の1になります。以前は婚姻関係にない子どもの法定相続分は、婚姻関係のある子どもの法定相続分の2分の1でしたが、2013年の12月の法律改正によって、婚姻関係にある子どもの法定相続分と同じになりました。

愛人関係で問題になるのが、愛人とその子どもが被相続人名義のマンションや家に住んでいて、被相続人が何も相続対策を立てていない状態で亡くなってしまうケースです。子どもも認知しておらず、遺言書もない状況では、法定相続人から住居を明け渡すように言われても従うしかありません。ただし、被相続人が亡くなってから3年以内であれば、愛人の子にも認知の訴え（強制認知）を起こすことができます。とはいえ、法定相続分が愛人の住んでいるマンションや家の価値に相当しなければ、相続分のお金を代償分割し、やはり立ち退きを迫られる可能性があります。

たとえば、不動産評価額が1000万円のマンションに住んでいた場合、愛人の子どもの法定相続分が500万円であれば、マンションの所有権をすべて主張することはできません。被相続人に生前に財産の名義移転を行ってもらうか、遺言書を書いて財産を分割してもらうということが必要でしょう。

なお、被相続人に遺言書がなかった場合、法定相続人を特定する作業を配偶者や子どもが行う必要があります。

被相続人の家庭事情が複雑な場合、認知している隠し子がいるかどうか調べるには、被相続人が生まれてから死ぬまでの繋がりがわかる連続した戸籍謄本が必要です。被相続人が生まれてから亡くなるまでの戸籍謄本を取ろうとすると、被相続人の親の戸籍から調べなくてはいけませんし、被相続人の親が離婚しているなどで戸籍が複雑だと、本籍地の役所を調べたり、取り寄せの手続きを行ったりして、膨大な手間がかかります。ですから、相続に際しては、被相続人が生まれてから今までの戸籍謄本を一式揃えておいたほうが、手続きがスムーズに行えるというわけです。

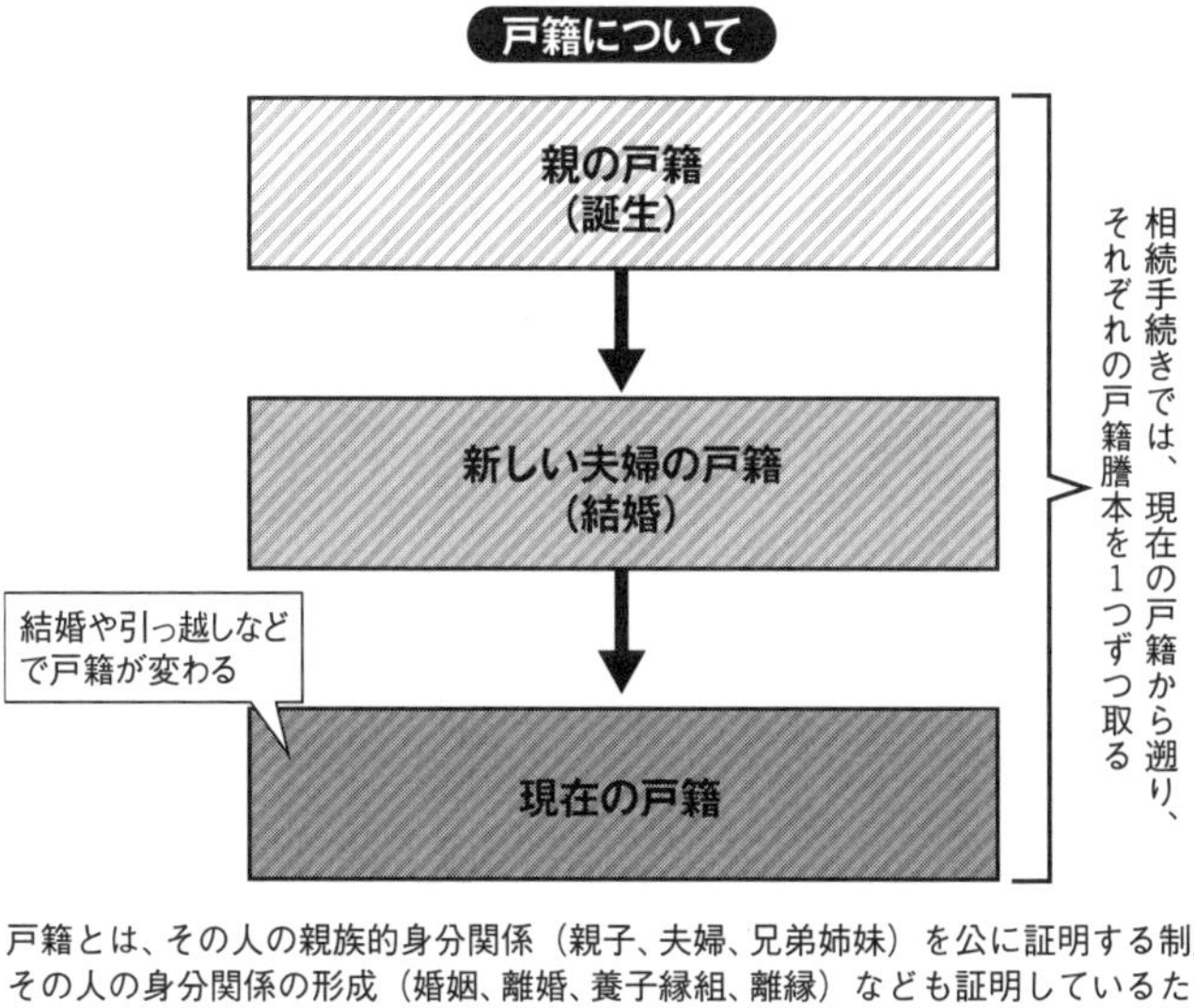
戸籍について
親の戸籍
（誕生）
新しい夫婦の戸籍
（結婚）
結婚や引っ越しなどで戸籍が変わる
現在の戸籍
相続手続きでは、現在の戸籍から遡り、それぞれの戸籍謄本を１つずつ取る

戸籍とは、その人の親族的身分関係（親子、夫婦、兄弟姉妹）を公に証明する制度。その人の身分関係の形成（婚姻、離婚、養子縁組、離縁）なども証明しているため、相続に必須の書類になる。

Q

上場会社の株式など、時価変動がある資産の贈与のタイミングはありますか？

A

株価が低くなった時期に贈与すれば、贈与税がかかるリスクを減らすことができます。

まず、株式の評価額がどのように決まるのかを頭に入れておきましょう。

上場株式は、贈与によって財産を取得した日の終値によって評価されます。ただし、終値は次の３つの評価のうち、最も低いものが採用されます。

①贈与した月の毎日の最終価格の平均額
②贈与した月の前月の毎日の最終価格の平均額
③贈与した月の前々月の毎日の最終価格の平均額

つまり、単純にその日の終値が平均よりも低かったからといって、その価格で評価することはできないというわけです。より長期的な価格を見て評価していく必要があります。

株価については、日経平均の季節変動では、毎年ゴールデンウィークにかけて最高値をつけ、一度価格が下落して、夏場にかけて少し上昇し、年末まで少しずつ下がり続けるという傾向があります。この傾向はすべての年で当てはまるわけではありませんが、参考になると思います。

贈与の方法は、暦年課税制度と相続時精算課税制度のうちどちらかを選ぶ必要があります。なるべく価格を一定にして贈与したいのであれば、暦年課税制度でコツコツ贈与するのがよいでしょう。将来的に値上がりが見込めるのであれば、相続時精算課税制度を採用する方法もあります。

Q

親に遺言書を書いてもらうために、どう切り出せばよいでしょうか?

A

まず、「遺言書と遺書は違う」ということをわかってもらった上で、配偶者なら子どものため、子どもなら孫のためということを分かってもらうようにしましょう。

相続発生後の手続きをスムーズに行い、相続貧乏にならないためにも遺言書は必要です。しかし、親に単刀直入に「遺言書を書いてほしい」と言っても、親は気分を害してしまうであろうことは、相手の立場になってみれば分かりますよね。

その理由として、**遺言書と遺書の勘違い**というケースがあります。遺言書はあくまでも「相続発生時にどのように財産を分けるか」という法律上の問題を解決する内容を記した文書であって、遺書ではないということを理解してもらうことが肝心です。

また、**遺言書は何度でも書き直すことができる**ことを伝えることで、親の心を動かすことができるかもしれません。

まだまだ「相続なんてものは、俺（私）の死んだ後に考えればいい」という考え方をお持ちの親がたくさんいます。ですから、配偶者や子どもが「自分たちの将来のために考えてほしい」と切り出してしまうと、財産目当てなのかと誤解されがちです。そこで、配偶者であれば子どものため、子どもであれば孫のために相続のことを考えて、「できれば遺言書を残して欲しい」と伝えることがよいでしょう。利害関係にある人以外の話を持ち出すことで、話も切り出しやすくなるはずです。

Q

「払い過ぎた相続税は戻って来る」と聞きましたが……。

A

「相続税の還付制度」を利用すれば、過払いの相続税が戻ってきます。

土地の評価が適切でなかったり、相続税の計算が間違っていたりして相続税を払い過ぎてしまった場合、過払い分の相続税を取り戻すことができる制度があります。これを**相続税の還付**といいます。相続税の還付には、「更生の請求」と「嘆願」という2つの手続きがあり、被相続人が亡くなって相続が発生してから5年10カ月以内であれば、還付の請求をすることができます。

この2つの手続きは、申告してからどのくらい時間が経過しているかによって使い分けます。

①「更生の請求」

相続税の申告期限は、相続の発生後10カ月以内です。この申告期限から1年以内、つまり、被相続人が亡くなってから1年10カ月以内であれば、「更生の請求」という手続きを行うことができます。更生の請求を申請すると、3カ月以内に処理されるのが一般的です。仮に請求が却下されても、税務署に異議申し立てをしたり、国税不服審査請求を行うこともできます。

②「嘆願」

1年10カ月を過ぎても、その後4年間は「嘆願」手続きによって還付請求をすることができます。嘆願の手続きの趣旨は、提出した申告書の内容を修正したいというものです。「更生の請求」と「嘆願」の大きな違いは、還付請求が却下されても、異議申し立てや国税不服審判への審判請求ができないところです。

土地の評価が見直されて相続税が還付される場合、贈与税も還付される可能性があります。土地を贈与した場合の贈与税の計算も、相続税と同じ評価額で行っているケースがあるからです。

なお、還付手続きは申告内容の精査や土地の評価などにも関わってくるので、まったく経験のない人にとっては面倒なものです。相続や不動産に詳しい税理士に相談するとよいでしょう。

相続税は税率が高く、支払う金額も大きくなるので、自分の相続税申告が適切かどうか、相続や土地の専門税理士に一度チェックしてもらうのもよいと思います。

Q

贈与を行う時の注意点を教えてください。

A

自分の老後資金をきちんと確保した上で贈与を行うことが大切です。

相続税の節税のための贈与においてありがちなのは、自分たちの老後の生活資金まで贈与してしまうということです。

総務省の２０１３年家計調査年報では、２人以上の世帯における消費支出の平均月額は29万４５４円。年間支出は３４８万５４４８円になります。

定年後、85歳まで生きると仮定して計算すると、６９７０万８９６０円となります。

厚生年金と国民年金の合計月額平均は20万６２３０円（２０１２年）ですから、毎月８万４２２４円の赤字となります。そうすると、20年間で２０２１万３７６０円の不足が生じることになります。

ですから、老後の生活資金として最低２０００万円は確保しておきたいところです。

相続税を節税したいからといって、手元の財産をすべて子どもや孫に贈与するのではなく、老後の最低限の生活資金約２０００万円を差し引いた上で、贈与を考える必要があります。

ただし、２０００万円といっても「最低限これだけは必要」という金額ですので、医療費などの余裕を持って、３０００万円ぐらいの生活資金を確保しておきたいですね。

Q

税理士や弁護士に相談する場合、費用はどのぐらいかかりますか?

A

税理士は遺産総額の0・5%〜1%、弁護士は紛争性がある場合、遺産総額の5%〜11%が目安です。

以前は、税理士や弁護士の報酬はそれぞれが所属する団体の報酬基準に沿って決められていましたが、現在は自由に決定されています。しかしながら多くの場合、以前の報酬基準に従って報酬が設定されているようです。

税理士が相続に際して行うのは、「相続税の申告」と「遺産分割に関する相談」です。相続税の申告書の作成は通常、税理士に依頼します。理由は、財産のなかに不動産があるからです。特に土地の評価は専門知識がないと評価できません。土地の評価は相続税の節税に関わってくる重要な業務なので、相続や土地に特化した税理士が重宝されています。

弁護士は、「紛争性」のある・なしで大きく報酬が変わります。

紛争性がない遺言書の作成手数料などは定型文があるもので10万円前後です。一方、紛争性があるものであれば、弁護士費用はその内容によって変化します。弁護士に遺産分割交渉や調停、審判などを依頼する場合には、遺産総額の11%に及ぶケースもあるようです。詳しくは法テラスなどの相談窓口を利用して聞いてみましょう。

いずれにしろ、争続が起きなければ、その費用は税理士のみで、争続がある場合と比べて、５分の１から10分の１に抑えられます。ですから、いかに争続を避けるべきか、きちんと考えて対策を練っておくことが重要なのです。

Q

葬儀代を故人の預金から支払いました。この費用にも相続税がかかるのですか？

A

葬儀代は葬儀費用として控除されるので、相続税の課税対象にはなりません。

葬儀代、お布施代、葬儀の会場代、通夜の飲食代などは葬儀費用として控除できるため、相続税の課税対象外になります。香典も常識の範囲内であれば、非課税です。ただし、注意したいのは次のような費用です。

・香典返しの費用
・墓地の買い入れ、借り入れ費用
・仏壇、仏具の購入代
・初七日法要費用（告別式より後に行った場合）
・四十九日法要費用
・医学上の理由で行った解剖費用など

このため、節税を考えるのであれば、墓地の購入や仏壇、仏具は生前に用意しておいたほうがいいでしょう。ただし、純金の仏像など換金性の高いものの場合、課税対象になってしまうことがあるので注意が必要です。

Q

親が認知症になってしまいました。相続対策はどうすればよいでしょうか?

A

「成年後見制度」を利用した対策が考えられます。

相続対策には、生前贈与、遺言書の作成や養子縁組の実行、不動産の売買など被相続人によるさまざまな法律行為が関わってきます。しかし、被相続人が認知症になって意志能力が低下してしまっているケースでは、法律行為が無効になってしまい、有効な相続対策が行いにくくなってしまう可能性があります。

では、認知症になってしまうとまったく相続対策ができないかというと、そんなことはありません。認知症の被相続人の権利を守る制度として、成年後見制度があります。この制度は、知的障害や精神障害、認知症などにより、判断能力が十分でない被相続人が不利益を被らないように、援助者（成年後見人）が本人を支援する制度です。認知症になっても本人の意志がある場合は、成年後見制度を利用して、遺言書作成などの法律行為を行うことができます。

ただし、成年後見制度を利用する場合は、成年後見人が満たさないといけない法律上の条件があります。

第1に、認知症の被相続人が、自身の行為によって生まれる結果が理解できる状態の時に遺言を作成すること。自筆証書遺言では、遺言書の全文・日付・氏名を記入し押印できること。公正証書遺言では、公証人に遺言の趣旨を口授するところから公証人が署名・押印するまでの全体を把握できる状態であることが必要になります。

第2に、医師2人以上が立ち会うこと。

第3に、医師は、被相続人が遺言を残す時に障害により意志能力を欠く状態になかった旨を遺言書に付記して署名・押印すること。秘密証書遺言においては封紙にその旨を記載し、署名・押印すること。

この3つになります。被相続人が認知症の状態でも、相続対策は可能ですが、やはり難しくはなります。早めに対策を立てておいた方がよいでしょう。

Q

税務調査で調査官が他愛のない日常会話をしてきたのですが、調査と何か関係があるのですか？

A

相続税の申告とは関係のない会話にも、調査官の意図があります。

税務署による相続税の税務調査の多くは、申告したその年の秋か翌年の秋に行われます。

税務調査に入られる確率は申告した人の約3割で、調査に入って申告漏れが発見される確率は、8割から9割以上とされています。主に申告漏れした現金や預貯金が見つかるケースが多いようです。

税務調査の段取りは、いきなり調査に入られるのではなく、事前に税務署のほうから日時が決められます。当日は申告した税理士も立ち会いながら調査が進められます。前述したように、税務調査の大部分が現金や預貯金関係です。申告していない生前贈与がないかどうか、名義預金がないかどうか、多額の現金を隠していないかどうか、相続人の預金通帳だけでなく、被相続人の預金通帳もすべて調べられます。

そのときに、時折何気ない会話がやり取りされるのですが、そこにこそ税務調査の調査官の会話の意図が隠されているのです。

たとえば、よくあるのが、被相続人の性格や趣味についてです。思わず正直に話してしまいがちですが、性格はきちんと貯金をするタイプなのか、そうではないのかを見抜くきっかけにもなりますし、趣味は生活水準がどの状態にあるのかということを推測することができます。

また、調査官は室内のいろいろなところも見ています。たとえば、カレンダー。提出された通帳の金融機関の名前が記載されているカレンダーがあれば、他に通帳があるのではないかと勘ぐられ、追求される可能性があります。

何気ない会話のなかにこそ、調査官が本当に知りたいことが隠されているのです。もし税務調査に入られても慌てないように、事前に対策を立てておきましょう。

税務調査でよく聞かれること

会話の内容	調査官の質問意図
被相続人の性格	お金の使い方。蓄財するタイプか、それとも散財するタイプか
被相続人の職歴	収入額。被相続人の収入水準と比べて、申告されている財産は妥当かどうか
被相続人の趣味	生活水準。ゴルフ会員権や書画骨董などの財産を購入する機会があったかどうか
被相続人の生活状況	日常の生活費。収入水準と比較して多いか少ないか
被相続人の住所の変遷	以前、住んでいたところに預金口座や海外口座がないかどうか
病歴、亡くなったときの状況	入院費などの費用の出所の確認や亡くなる直前に引き出されているお金の使い道についての確認
相続財産の管理	誰が相続財産を管理していたのか
相続人の職歴と預金口座	収入額。相続人の収入水準と比べて、相続人の預金が多い場合、名義預金がないかどうか

志賀公斗（しが・きみと）

志賀公斗税理士事務所代表

1981年生まれ。早稲田大学法学部卒業後、税理士事務所に勤務。50代以上の税理士がほとんどの中、26歳という異例の若さで独立。おもな顧問先である500人以上の地主・サラリーマン大家さんへの不動産投資コンサルティングを通じ、「不動産を残す」資産形成と「もめずに残す」相続対策の両立を促す。不動産投資と相続の両方を専門とする税理士は少なく、実績では全国で3本の指に入る。法人を利用した大幅な節税や、海外投資など最新の節税手法・投資戦略を日夜研究している。著書に『はじめての不動産投資負けナシバイブル』（アルマット）がある。

アチーブメント出版
公式ツイッター　@achibook
公式フェイスブックページ　http://www.facebook.com/achibook

相続貧乏になりたくなければ親子で不動産を整理しなさい

2014年（平成26年）6月4日　第1刷発行
2014年（平成26年）9月21日　第8刷発行

著　者　志賀公斗
発行者　青木仁志
発行所　アチーブメント出版株式会社
http://www.achibook.co.jp
〒141-0031
東京都品川区西五反田2-1-22　プラネットビル5F
TEL 03-5719-5503／FAX 03-5719-5513

印刷　シナノ書籍印刷株式会社
本文デザイン　玉造能之（デジカル）
装丁　萩原弦一郎、橋本雪（デジカル）
イラスト　中島直子
図版提供　志賀公斗
編集協力　宇治川裕

ISBN 978-4-905154-64-8